Integrated Korean Workbook

Intermediate 1

Second Edition

D1451917

Mee-Jeong Park   Sang-Suk Oh   Joowon Suh   Mary Shin Kim

KLEAR Textbooks in Korean Language

This textbook series has been developed by the Korean Language Education and
Research Center (KLEAR) with the support of the Korea Foundation.

ISBN 978-0-8248-3651-1

Illustrations by Sejin Han

Audio files for this volume may be downloaded on the Web in MP3 format at
http://www.kleartextbook.com

A set of accompanying audio CDs for this book is also available for purchase.
For more information, contact:

Order Department
University of Hawai'i Press
2840 Kolowalu Street
Honolulu, Hawaii 96822
Toll free: 888-847-7377
Outside North America: 808-956-8255

Camera-ready copy has been provided by KLEAR.

University of Hawai'i Press books are printed on acid-free
paper and meet the guidelines for permanence and
durability of the Council on Library Resources.

Printed by Sheridan Books, Inc.

CONTENTS

Introduction   v

1 과   날씨와 계절 [Lesson 1: Weather and Seasons]
Conversation 1   1
Conversation 2   8
Wrap-up Activities   19

2 과   옷과 유행 [Lesson 2: Clothing and Fashion]
Conversation 1   26
Conversation 2   33
Wrap-up Activities   44

3 과   여행 [Lesson 3: Travel]
Conversation 1   53
Conversation 2   61
Wrap-up Activities   69

4 과   한국 생활 I [Lesson 4: Life in Korea I]
Conversation 1   79
Conversation 2   86
Wrap-up Activities   94

5 과   한국 생활 II [Lesson 5: Life in Korea II]
Conversation 1   102
Conversation 2   114
Wrap-up Activities   121

6 과   대중 교통 [Lesson 6: Public Transportation]
Conversation 1   128
Conversation 2   139
Wrap-up Activities   150

7 과   가게에서 [Lesson 7: At a Store]
Conversation 1   159
Conversation 2   172

Wrap-up Activities   182

복습 I [Review I: Lessons 1~ 3]   190

복습 II [Review II: Lessons 4 ~ 7]   201

INTRODUCTION

Volume 1 of this workbook accompanies volume 1 of *Integrated Korean, Intermediate*, second edition. On a par with the main text, volume 1 of this workbook is composed of activities covering lessons 1 through 7, while volume 2 consists of activities covering lessons 8 through 15.

The most significant difference in the second edition of the workbook reflects the current trend among Korean language learners in U.S. universities. Traditionally, the primary Korean language learners in U.S. universities were students of Korean heritage. Within recent years, however, the number of nonheritage learners has increased, and thus, to meet their needs, revising the workbook content appropriately was an immediate necessity. The editors decided to compose new content for the workbook rather than simply to revise the first edition.

While the earlier edition focused on the four language skills individually, the second edition adopts an integrated approach by encompassing grammar and vocabulary in addition to the four language skills. To maximize learning, fitting for both nonheritage and heritage learners, all areas (vocabulary, expression, grammar, listening, speaking, writing) have been reorganized according to the level of difficulty. Overall, the second edition of the workbook aims to help students learn effectively and in a fun way in a short period of time. Furthermore, starting with simple vocabulary exercises, the new edition of the workbook focuses on integrating grammar and function to develop the types of exercises applicable to modern daily situations. The second edition gives salience to the importance of vocabulary and provides vocabulary exercises through a variety of questions.

Illustrations are used here to replace the mechanically repetitive exercises of the first edition with more cognitively challenging practices. The use of illustrations is believed to be more effective in maximizing the students' concentration and holding their interest.

Whereas the first edition was organized to be used only after each lesson was completed, the second edition consists of pre-, main-, and post-lesson exercises, enabling students to use the workbook simultaneously with the textbook. Daily practice is necessary for language improvement, and this new organization of the workbook will increase the level of efficiency. Exercises are integrated into new lesson points with previously learned grammar and vocabulary. In addition, post-exercises from each lesson include various applications such as task orientation and information gathering. They are further bolstered by two review lessons. The first includes materials covered in lessons 1 – 3, and the second includes materials covered in lessons 4 – 7.

1 과 날씨와 계절   [Weather and Seasons]

CONVERSATION 1	어느 계절을 제일 좋아하세요?

A. Choose the word that best describes each picture and write it below the corresponding picture.

구름	낮	눈	단풍	밤	비

1. _____   2. _____   3. _____

4. _____   5. _____   6. _____

B. Choose the word that best describes each picture and write it below the corresponding picture.

구름이 끼다	눈이 오다	맑다	시원하다	장마(가) 오다

1. _____   2. _____   3. _____

4. _____   5. _____

C. Write the season that best matches each word, as in 1.

1.   눈: <u>겨울</u>   2.   단풍: _____

3.   꽃: _____   4.   에어컨: _____

5.   스키: _____   6.   장마: _____

D. Fill in the blanks with the antonym, as in 1.

1.   덥다: <u>춥다</u>   2.   짧다: _____

3.   맑다: _____   4.   지겹다 :   _____

5.   올라가다: _____   6.   시원하다 :   _____

E. Match the elements in the left column to the verbs/adjectives in the right column.

구름 •   • 맑아요

기온 •   • 졌어요

꽃 •   • 낮아요

공기 •   • 됐어요

봄 •   • 펴요

F. Listen carefully and write the words you hear. 🎧

1. _____   2. _____

3. _____   4. _____

5. _____   6. _____

G. Fill in the blanks as you listen to the following conversation. 🎧

민지: 벌써 가을이 1. _____.

올해 여름은 2. _____가 유난히 길었어요.

스티브: 민지 씨는 어느 3. _____을 제일 좋아하세요?

민지: 저는 꽃이 4. _____ 봄이 제일 좋아요.

스티브: 저는 가을이 좋아요. 5. 설악산에 _____ 구경을 갈 수 있어서요.

H. Listen to the questions and write your answers. 🎧

1. _____.

2. _____.

3. _____.

4.　_____.

I. Conjugate the following verbs into the following patterns.

Dictionary form	~어/아요	~어/아져요	~어/아졌어요
시원하다		시원해져요	
낮다			
가깝다	가까워요		
빠르다			
길다			길어졌어요
춥다	추워요		
지겹다			
없다		없어져요	

J. Choose an appropriate adjective from I and conjugate the adjective into the ~어/아지다 form.

1.　겨울에는 기온도 _____고 바람도 많이 불어요.

2.　날씨가 _____면 따뜻한 육개장이 먹고 싶어져요.

3.　학교 근처 아파트로 이사를 가서 집하고 학교가 _____.

4.　벌써 가을이네요. 날씨가 많이 _____서 좋아요.

5.　단풍 구경갔을 때 찍은 사진이 _____. 꼭 찾아야 돼요.

6.　매일 점심 때 국수만 먹어서 _____.
　　오늘은 샌드위치 먹을까요?

K. Choose an appropriate adjective and describe the changes shown in the picture using the ~어/아지다 form.

| 길다 | 높다 | 덥다 | 복잡하다 | 비싸다 | 크다 |

1. 날씨가 _____. 2. 기온이 _____.

5,000 원 → 7,000 원

3. 음식값이 _____. 4. 교통이 _____.

5. 머리가 _____. 6. 옷이 _____.

L. Complete the sentence using the ~어지다/아지다 form, as in 1.

1. 오후 1시가 되면 배가 많이 고파져요.

2. 콘서트에 가서 음악을 직접 들으면 _____.

3. 열심히 매일 운동을 하면 _____.

4.   여름이 끝나고 가을이 되면 _____.

5.   저는 60 세가 되면 _____.

M. Translate the following sentences.

1.   After graduating college, Steve became really busy.

_____.

2.   Food has become more expensive than it was last year.

_____.

3.   When it becomes winter (time), the day becomes shorter.

_____.

4.   When fall arrives, (the number of) people who go hiking to Selak Mountain increases.

_____.

5.   The weather became cloudy in the evening, and it began to rain at night.

_____.

N. Conjugate the following words into the following patterns.

Dictionary form	~지 않아요?	~잖아요
하늘이 맑다		
지겹다		
기분이 좋다		기분이 좋잖아요
꽃이 피다		
시원하다		
토요일이다	토요일이지 않아요?	

O. Complete the following dialogue using the ~잖아요 form, as in 1.

1.   A: 오늘 왜 학교에 안 갔어요?

        B: <u>오늘 휴일이잖아요.</u>

2.   A: 마크 씨를 요즘 학교에서 계속 못 봤어요.

        B: _____.

3.   A: 수잔 씨는 한국어를 정말 잘 해요.

        B: _____.

4.   A: 국이 너무 싱거운데요

        B: _____.

5.   A: 유난히 이 식당에만 손님들이 굉장히 많네요.

        B: _____.

CONVERSATION 2	날씨가 추워졌네요.

A. Choose the word that best describes each picture and write it below the corresponding picture.

난방   라디오   바람   물건   야구장   운동장

1. _____   2. _____   3. _____

4. _____   5. _____   6. _____

B. Match the elements in the left column to the verbs in the right column.

날씨   •   •   안 돼요

일기예보   •   •   흐려졌어요

난방   •   •   더러워요

옷   •   •   불어요

바람   •   •   봤어요

C. Listen carefully and write the words you hear. 🎧

1. _____   2. _____

3. _____   4. _____

5. _____   6. _____

D. Choose the appropriate word from the box.

| 고생하다 | 계속되다 | 데이트하다 | 두껍다 | 없어지다 | 혼나다 |

1. 어젯밤에는 아파트에 난방이 안 돼서 추워서 _____.

2. 야외에서 수업하면 추울 거예요. 꼭 _____ 옷 입고 오세요.

3. 감기 조심하세요. 저는 감기에 걸려서 한 달 동안 _____.

4. 오늘부터 이 주 동안 장마가 _____.

5. 지난 주말에 야구장에 가서 남자 친구하고 야구 시합도 보고 _____.

6. A: 스티브 씨, 왜 그러세요?

    B: 가방 안에 있던 물건이 _____. 어떻게 하죠?

E. Choose the appropriate adverb from the box.

| 갑자기 | 계속 | 대체로 | 유난히 | 꼭 | 먼저 | 현재 |

1. 바빠서 저_____ 갈게요. 내일 뵙겠습니다.

2. 따뜻하던 날씨가 어제부터 _____ 추워졌어요. 기온이 10도나 내려갔어요.

3.   이 옷이 마음에 들어요. _____ 사고 싶어요.

4.   등산을 좋아하는 사람들은 _____ 가을을 좋아하고 스키를

       좋아하는 사람들은 보통 겨울을 좋아해요.

5.   오늘 낮 기온은 26 도, 밤 기온은 19 도가 되겠습니다. 서울_____

       기온은 20 도입니다.

6.   주말까지 추운 날씨가 _____ 되겠습니다. 감기 조심하세요.

7.   오늘 바람이 _____ 많이 불어서 야구장에서 정말 추웠어요.

F. Listen to the weather description of each different city and write down the name of the city below the picture that best fits the description. 🎧

1.   <u>서울</u>   2.   _____   3.   _____

4.   _____   5.   _____

G. Combine words and make as many collocates or phrases as possible as in the example shown.

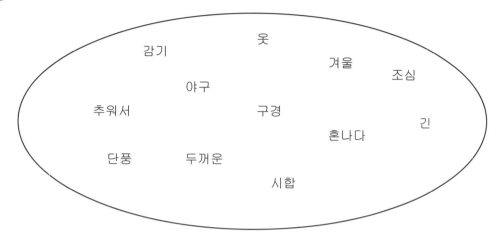

Example: 감기 조심

_____, _____, _____, _____, _____

H. Describe today's weather in detail using words in the box. Try to use as many words as possible.

| 구름이 끼다　기온　낮　대체로　도　되다 |
| 따뜻하다　바람이 불다　밤　섭씨　시원하다　아침　현재 |

오늘 아침 날씨는_____

_____

_____

_____

I. Conjugate the following adjectives into the following noun-modifying forms.

Dictionary form	adj. stem +던	adj. stem + ~(으)ㄴ	adj. stem + ~(으)ㄹ
좋다			
높다			
춥다			
흐리다			
두껍다			

J. Fill in the blanks using the ~던 form.

1.   사이가 _____ 친구들이 갑자기 사이가 나빠졌어요.

2.   키가 _____ 마크가 갑자기 키가 커졌어요.

3.   계속 _____ 날씨가 화요일부터 좋아졌어요.

4.   _____ 어머니께서 시간이 많아지셨어요.

5.   _____ 방이 청소를 해서 많이 깨끗해졌어요.

K. Describe the following changes using ~던 and ~어/아지다, as in 1.

1.   <u>크던 셔츠가 작아졌어요.</u>   2.   _____

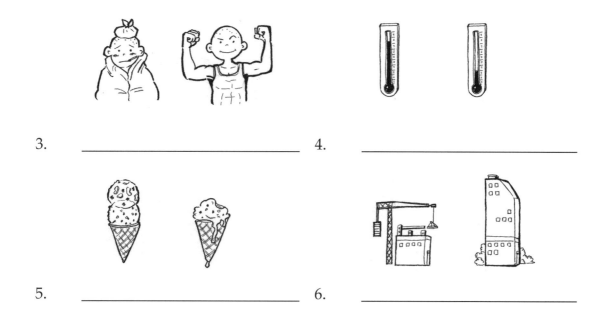

3. _____   4. _____

5. _____   6. _____

L. Conjugate the following verbs into the following noun-modifying forms.

Dictionary form	v. stem + ~던	v. stem + ~(으)ㄴ	v. stem + ~는	v. stem + ~(으)ㄹ
다니다				
계속되다				
듣다				
살다				
바람이 불다				
하다				

M. Answer the following questions.

1.　　초등학교 때 다니던 학교가 어디예요?

2.　　어렸을 때 자주 보던 텔레비전 프로그램이 뭐예요?

3.   고등학교 때 자주 듣던 음악이 뭐예요?

4.   어렸을 때 유난히 먹기 싫어하던 음식이 뭐예요?

N. Circle the correct form.

1.   [따뜻하던, 따뜻하는, 따뜻할] 날씨가 어젯밤부터 갑자기 추워졌어요.

2.   이번 주말에는 대체로 [덥은, 더운, 덥던, 더울] 날씨가 계속 되겠습니다.

3.   지난 주까지 [비싼, 비싸던, 비쌀] 물건이 이번 주에 세일을 해서 싸졌어요.

4.   작년 여름 방학 때 한국에 가서 [산, 사는, 사던, 살] 운동화가 없어졌어요.

5.   내년에 가족들하고 같이 단풍 [구경간, 구경가는, 구경가던, 구경갈] 산은 설악산이에요.

6.   내일 [만난, 만나던, 만날] 친구는 고등학교 때부터 [사귄, 사귀는, 사귈] 친구예요.

O. Translate the following sentences using appropriate noun-modifying forms.

1.   The previous high temperature suddenly dropped starting last weekend.

    _____.

2.   The apple I was eating disappeared.

    _____.

3.   My friend with whom I used to go to high school moved to Boston.

    _____.

4.   Mark went on a trip to Europe, which he always wanted to do.

    _____.

5.   If the cloudy weather continues, it will be difficult to go hiking.

_____.

P. Describe the order of the following events using ~기 전에 and ~(으)ㄴ 다음에, as in 1.

1.   요리하기 전에 장을 봐요.   2.   _____

장을 본 다음에 요리를 해요.   _____

3.   _____   4.   _____

_____   _____

Q. Write about your daily activities in order using ~(으)ㄴ 다음에/후에, as in 1.

1.   저는 보통 아침을 먹은 다음에 커피를 마셔요.

2.   커피를 마신 후에 _____

3.   _____

4.   _____

5.   _____

6.   _____

R. Describe the person's wish using ~(으)면 좋겠다, as in 1.

1.   날씨가 맑으면 좋겠어요.   2.   _____

3.   _____   4.   _____

5.   _____   6.   _____

S. Write about your three wishes and explain why you chose them, as in 1.

1.   한국에 가서 일하고 싶기 때문에 저는 한국어를 잘 했으면 좋겠어요.

2.   _____

3.   _____

4.   _____

T. Complete the sentences using ~(으)ㄴ 다음에/후에 and ~(으)면 좋겠다, as in 1.

1. 날씨가 시원해지다 + 등산 가다

날씨가 시원해진 다음에 등산 가면 좋겠다.

2. 대학교 졸업하다 + 대학원에 다니다

_____.

3. 시험이 끝나다 + 야구 시합을 보러 가다

_____.

4. 기숙사에서 2년 동안 살다 + 아파트에서 살다

_____.

5. 운동을 열심히 하다 + 시원한 냉면을 먹다

_____.

6. 중국어 수업을 듣다 + 중국에 가 보고 싶다

_____.

U. Translate the following sentences.

1. I wish I could find the thing (lit. merchandise) that disappeared.

_____.

2. The temperature suddenly went down from 35 degrees Celsius to 20 degrees Celsius.

_____.

3.   You must have had a hard time because the heating system did not work.

   _____.

4.   I wish I could speak many foreign languages. If you know many foreign languages, you can travel to many different countries, you know.

   _____

   _____.

WRAP-UP ACTIVITIES

A. Listen to the following weather forecast and fill in the blanks.

오늘의 날씨를 알려 드리겠습니다. 아침에는 따뜻하고 _____ 낮부터는

_____ 구름이 많이 끼겠고 저녁 때는 _____이 불겠습니다. 오늘

_____은 16 도, 밤 기온은 12 도가 _____. 내일부터는 맑아져서

주말까지 _____ 좋은 날씨가 _____.

B. Listen to the following telephone dialogue and fill in the blanks with (T)rue or (F)alse.

1. _____ The current season is winter.

2. _____ Steve and Youmee both like winter because of the long winter vacation.

3. _____ Last summer was exceptionally long.

4. _____ Steve does not mind the cold weather, but Youmee prefers warm spring time.

5. _____ Youmee likes flowers.

C. Choose the word that best suits the context and conjugate it accordingly.

가다 끝나다 덥다 되다 시원하다 쓰다 혼나다

민지: 오늘 참 덥지요? 1. _____ 날씨가 어제부터 갑자기 더워졌네요.

마크: 장마가 2. _____ 다음에는 날씨가 더워지잖아요.

민지:　　　　기숙사는 시원해요?

마크:　　　　보통은 시원한데 어제는 에어콘이 안 3. _____ 굉장히 더웠어요.

민지:　　　　그랬어요? 이번 주말에는 날씨가 안 4. _____ 좋겠어요.

마크:　　　　참, 이번 주말에 잠실 운동장에서 야구 시합이 있는데 같이

　　　　　　 5. _____?

민지:　　　　아, 좋아요.

마크:　　　　모자 6. _____ 오세요. 지난 번에 야구장에 갔을 때는 모자를 안

　　　　　　가지고 가서 더워서 7. _____.

D. Describe in detail how the city has changed over the years using the pictures below.

~던　　　~어/아지다　　　~(으)ㄴ 다음에/후에

1995　　　　　　　　　　　　　　　　　　2020

_____

_____

_____

_____

_____

_____

_____

_____

E. Describe in detail the weather conditions of each place.

1. _____

_____

2. _____

_____

3. _____

_____

4. _____

_____

F. Write a weather forecast based on the information shown in the following picture.

Morning		18°
Afternoon		24°
Night		15°
Tomorrow morning		20°

안녕하십니까? 오늘 날씨를 알려 드리겠습니다.

_____

_____

_____

_____

_____

G. Translate the following sentences.

1.   After the rainy season ends, the weather usually becomes cooler, and the air gets cleaner.

_____.

2.   The apartment was exceptionally cold last night because the heating system was not working.

_____.

3. When I went hiking last time, I had a really hard time because it was so windy.

   _____.

4. Because the temperature suddenly dropped last weekend, many people caught colds.

   _____.

5. When it is windy and cold, you should wear thick clothes and a warm hat.

   _____.

6.   I hope it does not rain this Saturday because I am going to go to an outdoor concert.

   _____.

H. Read the following passage and answer the questions.

내일부터 장마가 시작 되어 앞으로 2 주 동안 많은 비가 오겠습니다. 기온이 조금 낮아지고 바람도 많이 불겠습니다. 서울은 내일 오전부터 구름이 끼는 흐린 날씨가 되겠습니다. 오후부터 비가 오기 시작해서 밤 늦게까지 비가 오겠습니다. 아침 기온은 섭씨 20 도 낮 기온은 27 도가 되겠습니다. 중부 지방과 남부 지방도 내일 낮부터 장마가 시작되어 비가 다음 주까지 계속 오겠습니다. 제주도 내일 날씨는 맑겠습니다. 모레부터 기온이 보통 때보다 4–5 도 낮아지면서 비가 오기 시작하겠습니다. 내일부터 비옷과 우산을 꼭 준비하세요.

(비옷 'raincoat'; 중부 지방 'central district'; 남부 지방 'southern district'; 제주도 'Jeju Island')

1.   장마가 얼마 동안 계속 되겠습니까?

_____.

2.   장마 때 보통 날씨가 어떻습니까?

_____.

3.   내일 서울 낮 기온은 몇 도입니까?

_____.

4.   중부 지방은 언제부터 비가 오겠습니까?

_____.

5.   장마 때는 뭘 가지고 다녀야 합니까?

_____.

6.   내일 어느 지방 날씨가 맑겠습니까?

_____.

I. Write a description of the city where you would like to live if you had the choice to live anywhere in the world. Include information regarding the city's weather, atmosphere, people, living conditions, and more. Do not include the city name. Read your description to your classmates and have them guess the city you describe.

_____

_____

_____

2 과 옷과 유행   [Clothing and Fashion]

CONVERSATION 1	백화점에서 옷을 사려고 해요.

A. Write the Korean word that best describes each picture. Then write the appropriate verb meaning "to put on" for each piece of clothing as shown in the first row.

Clothing					
Noun				점퍼	
Verb	입다				
Clothing					
Noun					
Verb					

B. Listen carefully and write the words you hear. 🎧

1. _____   2. _____

3. _____   4. _____

5. _____   6. _____

C. Create a sentence using the words from B.

1. _____.

2. _____.

3. _____.

4. _____.

5. _____.

6. _____.

D. Choose an adjective from the box below and change it into the appropriate form for the following sentences. Use each word ONLY ONCE.

높다	단정하다	얇다	유행이다	필요하다

1. 날씨가 추운데 이 자켓은 너무 _____.

2. 요즘 저한테 제일 _____ 것은 잠을 많이 자는 거예요.

3. 인터뷰 하러 갈 때에는 _____ 옷을 입어야 해요.

4. 요즘 _____ 샌들은 굽이 아주 _____.

E. Choose a verb from the box below and change it into the appropriate form for the following sentences. Use each word ONLY ONCE.

닫다	들다	떠나다	벌다	외우다

1. 이번 여름 방학에 돈을 많이 _____ 돼요.

2. 마음에 _____ 옷이 있었지만 백화점이 일찍 문을

_____ 못 샀어요.

3. 타야 하는 기차가 방금 역을 _____.

4. 저는 한국어 단어 _____기를 제일 싫어해요.

F. Fill in the blanks with the words you hear. 🎧

1. 백화점에 _____ 지금 준비하고 있었어요.

2. 정장 _____하고 구두를 하나 _____ 해요.

3. 한국은 유행이 달라서 _____.

4. 지금 _____ 했는데 _____ 잘 됐네요.

5. 다음 주에 인터뷰가 있어서 _____ 치마 정장이 _____

_____.

G. Fill in the blanks with the appropriate ~(으)려고 form, as in 1.

1. 한국어를 배우고 싶어요.

→ 한국어를 <u>배우려고</u> 한국에 갈 거예요.

2. 내일 한국어 시험이 있어요.

→ 오늘 _____ 도서관에 가야 돼요.

3. 점심을 안 먹어서 배가 너무 고파요.

→ 점심을 _____ 학교 식당에 갔어요.

4. 내일 제 룸메이트 생일이에요.

→ 생일 파티를 ＿＿＿＿＿＿＿ 케이크를 샀어요.

5. 할아버지 생신 때 가족 사진을 찍을 거예요.

→ 가족 사진을 ＿＿＿＿＿＿＿ 카메라를 가지고 갔어요.

H. Complete the following sentences using ~(으)려고 or ~(으)려고 하다.

1. 마크는 축구를 ＿＿＿＿＿＿＿ (하다) 운동장에 갔습니다.

2. 이번 여름에 돈을 좀 ＿＿＿＿＿＿＿ (벌다) 백화점에서 일할 거예요.

3. 민지는 졸업한 다음에 대학원에 ＿＿＿＿＿＿＿ (가다).

4. 저는 이번 겨울에 서울에 가서 한국어를 ＿＿＿＿＿＿＿ (배우다).

5. 친구하고 ＿＿＿＿＿＿＿ (놀다) 숙제를 일찍 끝냈어요.

6. 버스가 ＿＿＿＿＿＿＿ (떠나다) 뛰어 갔어요.

I. Answer the following questions using ~(으)려고 or ~(으)려고 하다.

1. 왜 생물학을 전공하세요?

＿＿＿＿＿＿＿＿＿＿＿＿＿＿＿＿＿.

2. 일요일에 왜 학교에 갔어요?

＿＿＿＿＿＿＿＿＿＿＿＿＿＿＿＿＿.

3. 내년 여름 방학에 뭐 할 거예요?

＿＿＿＿＿＿＿＿＿＿＿＿＿＿＿＿＿.

4.   이번 학기 계획이 뭐예요?

_____.

5.   졸업하고 뭐 할 거예요?

_____.

Write your own questions and ask your partner to answer them.

6.   _____?

7.   _____?

8.   _____?

J. Complete the sentence using ~기(가) 쉽다/어렵다, as in 1.

1.   새 단어가 많아서 <u>숙제하기가 어려워요</u>.

2.   나이가 들어서 _____.

3.   요즘 시간이 없어서 _____.

4.   도서관이 시끄러워서 _____.

5.   요즘 너무 비가 많이 와서 _____.

6.   컴퓨터가 고장 나서 _____.

K. Complete the following sentences using ~기(가).

1.   대학교에서는 _____기가 힘들어요.

2.   저는 _____기가 제일 싫어요.

3.　요즘 ＿＿＿＿＿＿＿＿＿＿＿＿＿기가 더 편해졌어요.

4.　저는 ＿＿＿＿＿＿＿＿＿＿＿＿＿기가 제일 어려워요.

5.　＿＿＿＿＿＿＿＿＿＿＿＿＿기가 좀 쉬워지면 좋겠어요.

6.　＿＿＿＿＿＿＿＿＿＿＿＿＿기가 제일 좋은 나라는 한국이에요.

L. Listen to the conversation between Soobin and Minji and mark the sentences T(rue) or F(alse). 🎧

수빈:　민지 씨, 지금 백화점에서 세일하고 있는데, 같이 가 볼래요?

민지:　마침 잘 됐네요. 저도 정장 한 벌을 ＿＿＿＿＿＿＿ 있었어요.

　　　수빈 씨는 뭐를 ＿＿＿＿＿＿＿＿＿＿？

수빈:　요즘 날씨가 너무 ＿＿＿＿＿＿＿ ＿＿＿＿＿ 여름 원피스하고 편한

　　　샌들을 하나 ＿＿＿＿＿＿＿. 민지 씨는 어떤 정장이

　　　＿＿＿＿＿＿＿＿？

민지:　다음 주에 인터뷰가 있어서 ＿＿＿＿＿＿ 바지 정장 하나하고 같이

　　　입을 수 있는 블라우스를 ＿＿＿＿＿＿. 오늘 ＿＿＿＿＿＿

　　　정장을 살 수 있으면 정말 좋겠어요.

수빈:　값도 싸고 마음에 드는 옷 ＿＿＿＿＿＿ 별로 쉽지 않죠?

민지:　네, 정말 그래요. 유행도 너무 빨리 ＿＿＿＿＿＿＿＿.

M. Listen to the questions about the conversation in L and answer them in full sentences. 🎧

1. _____.

2. _____.

3. _____.

N. Listen to the questions and write your own answers to them following the instructions in parentheses.

1. _____.
   (~기가)

2. _____.
   (~(으)려고 하다)

3. _____.

4. _____.
   (List at least two elements.)

5. _____.
   (Include the color of your clothes.)

| CONVERSATION 2 | 요즘 짧은 치마가 유행이에요. |

A. Write the appropriate Korean words for the colors below.

red	yellow	white	black
blue	navy blue	sky blue	green
파란색			

B. Listen carefully and write the words or phrases you hear.

1. _____   2. _____

3. _____   4. _____

5. _____   6. _____

C. Match the nouns in the left column to the verbs or adjectives in the right column.

굽 •   • 맞다

색깔 •   • 얇다

나이 •   • 하다

인기 •   • 낮다

유행 •   • 어둡다

사이즈 •   • 들다

블라우스 •   • 있다

D. Fill in the blanks with the antonym, as in 1.

   1.   쉽다: <u>어렵다</u>   2.   두껍다: _____

   3.   어둡다: _____   4.   낮다: _____

   5.   빨리: _____   6.   답 :   _____

E. Choose the most appropriate words from the box below and change them into the appropriate forms for the following sentences. Use each word ONLY ONCE.

고르다	뛰다	맞다	모자라다
바뀌다	밝다	어울리다	피우다

1.   현금이 _____ 신용 카드로 물건을 샀어요.

2.   건물 안에서는 담배를 _____ 수 없습니다.

3.   한국은 신발 사이즈들이 작아서 _____ 신발을 _____가 좀

    어렵네요.

4.   어두운 색깔보다는 _____ 색깔이 민지 씨한테는 더 잘

    _____ 것 같아요.

5.   오늘 아침에 너무 늦게 일어나서 수업에 _____ 가야 했어요.

6.   지난 달에 이사가서 전화번호가_____ _____.

F. Listen carefully and write the sentences you hear.

   1.   _____

   2.   _____

3. _____

4. _____

5. _____

G. Listen to F again and translate the sentences into English. 🎧

1. _____

2. _____

3. _____

4. _____

5. _____

H. Fill in the blanks with the most appropriate particles from the box below.

한테	이/가	은/는	에	에서	(으)로

1. 컬럼비아 대학에 가려면, 지하철 1 호선이나 9 호선_____ 바꿔 타세요.

2. 친구_____ 저녁을 사려고 하는데 20 불_____ 뭘 사줄 수 있을까요?

3. 내일 학교 앞_____ 친구를 만나기로 했어요.

4. 밖_____ 지금 비가 와서 우산_____ 필요한데요.

5. 어제 백화점_____ 정장을 한 벌 샀어요. 청바지_____ 세일이어서

반값_____ 싸게 살 수 있었어요.

6. 한국에서는 저_____ 맞는 신발을 찾기가 참 힘들어요.

7.   한국어 수업 시간에는 영어_____ 하지 말고 한국어_____ 하세요.

8.   수민: 빨간색이 민지 씨_____ 더 잘 어울리는 것 같아요.

      민지: 그럼 빨간색_____ 살 게요.

I. Complete the following sentences using 말고.

1.   집이 너무 더러워요. _____ 청소하세요.

2.   지난 학기에는 _____ 정치학을 들었어요.

3.   지금 시간이 없어요. _____ 내일 만나요.

4.   다음 주에 인터뷰가 있어서 _____ 정장이 필요해요.

5.   우리_____ 국수 만들어서 먹어요.

6.   담배는 건강에 나빠요. _____ 차를 마셔 보세요.

J. Based on the context given, give your own advice using ~지 말고, as in 1.

1.   내일 시험이 있어요.   → 놀지 말고 공부하세요.

2.   눈이 아파요.   → _____.

3.   방 안이 너무 더워요.   → _____.

4.   중국어가 너무 어려워요.   → _____.

5.   요즘 텔레비전을 너무 많이 봐요. → _____.

K. Based on the context given, complete the sentences using ~어/아도 되다.

1.   숙제를 다 못 했어요.

      → 선생님, _____?

2.   (옷 가게에서) 마음에 드는 옷이 있어요.

→ (점원한테) _____?

3.   전화를 걸어야 하는데 핸드폰(cell phone)이 없어요.

→ (친구한테) _____?

4.   친구가 운전하는 차를 타고 가는데 담배를 피우고 싶어요.

→ 차 안에서 _____?

5.   너무 걸어다녀서 지금 아주 피곤해요.

→ 여기 이 의자에 _____?

L. Complete the sentences using ~(으)면 안 되다.

1.   도서관 안에서는 _____.

2.   지하철에서는 _____.

3.   한국어 수업 시간에는 _____.

4.   식사할 때는_____.

5.   한국에서는 집에 들어갈 때 _____.

M. Complete the sentences using ~어/아도 괜찮다, ~지 않아도 되다, or ~(으)면 안 되다.

1.   이 문제가 어려운데 좀 _____?
                              (May I ask you?)

2.   민지 생일 파티에 _____.
                              (You don't have to dress up.)

3.   도서관 안에서는 _____.

                    (One should not run.)

4.   머리가 아픈데 _____?

                    (May I take some rest?)

5.   운전할 때는 _____.

                    (One should not use a cell phone.)

6.   날씨가 따뜻해졌으면 _____.

                    (You don't have to wear a jacket.)

N. Fill in the table with the correct noun-modifying forms.

Dictionary form	~는	~(으)ㄴ	~던	~(으)ㄹ
고르다				
끝나다				
높다	N/A			
단정하다	N/A			
되다				
두껍다	N/A			
(마음에) 들다				
모자라다				
(돈을) 벌다				
어울리다				
바뀌다				
필요하다				

O. Based on the pictures below, answer the questions about Michael using
~(으)ㄴ/는/(으)ㄹ 것 같아요.

질문 1. 오늘 마이클 씨가 어떤 것 같아요?

a.

_____.

b.

_____.

c.

_____.

d.

_____.

e.

_____.

질문 2. 지금 마이클 씨가 뭐 하고 있는 것 같아요?

a. _____.

b. _____.

c. _____.

d. _____.

e. _____.

질문 3. 어제 마이클 씨가 뭐 한 것 같아요?

a. _____.

b. _____.

c.
_____.

d.
_____.

e.
_____.

P. Guess about the following situations using ~(으)ㄴ/는/(으)ㄹ 것 같아요.

1.   옆 집에서 음악 소리가 크게 나고 있습니다.

→ _____.

2.   영미 씨가 오늘 학교에 안 왔습니다.

→ _____.

3.   지금 아침 10 시인데 룸메이트가 아직도 자고 있습니다.

→ _____.

4.   하늘에 구름이 많이 꼈습니다.

→ _____.

5.   극장에 사람이 아주 많습니다.

→ _____.

Q. Answer the following questions, using ~것 같다.

1.   룸메이트 지금 뭐해요?

  → 자고 있는 것 같아요.

2.   지금 밖에 날씨가 어때요?

  → _____.

3.   지난 겨울에는 날씨가 어땠어요?

  → _____.

4.   서울 물가는 어때요?

  → _____.

5.   요즘 부모님께서는 어떻게 지내고 계세요?

  → _____.

6.   요즘 미국 경제가 어때요?

  → _____.

7.   룸메이트는 어디 갔어요?

  → _____.

R. Listen to the conversation between Soobin and the store clerk and answer the following questions in English.

1.   What does Soobin want to buy and why?

  _____.

2.   Which color did Soobin try on?

_____.

3.   What did Soobin buy?

_____.

4.   How much did Soobin pay?

_____.

5.   How did Soobin pay?

_____.

WRAP-UP ACTIVITIES

A. Match the Korean expressions in the left column to the English translations in the right column.

마침 잘 됐네요.   •   •   I'd like to just look around.

어서 오세요.   •   •   Why don't you just look around?

어떤 옷을 찾으세요?   •   •   What a coincidence!

그냥 구경 좀 할게요.   •   •   Please come in.

천천히 골라 보세요.   •   •   May I try this on?

이 옷 한 번 입어봐도 돼요? •   •   Please give me this.

이걸로 주세요.   •   •   What kind of clothes are you
                                         looking for?

B. Fill in the blanks with the words you hear.

오늘 저는 제 친구 수빈이와 같이 옷과 ＿＿＿＿＿＿ 백화점에 갔습니다.

백화점은 ＿＿＿＿＿＿ 사람들 때문에 ＿＿＿＿＿＿ 복잡했습니다.

수빈이는 요즘 한국에서 ＿＿＿＿＿＿ 반바지와 원피스, 그리고

＿＿＿＿＿＿ 샌들을 사고 저는 그냥 운동할 때 입으면 ＿＿＿＿＿＿

바지와 티셔츠를 샀습니다. 한국은 유행이 자주 ＿＿＿＿＿＿ 옷 사기가 좀

＿＿＿＿＿＿. 수빈이는 미국에 계신 부모님께 ＿＿＿＿＿＿ 얇은 자켓과

블라우스도 샀습니다. 여름 옷들은 모두 세일이라서＿＿＿＿＿＿으로 싸게 살

수 있었습니다. _____ 옷들을 싸게 살 수 있어서 정말 좋았습니다.

C. Fill in the blanks with the words from the box below. Use each word ONLY ONCE. Be careful with tense and conjugation.

| 고르다 들다 어울리다 유행하다 팔리다 필요하다 |

1.   요즘 _____ 옷이 뭐예요?

2.   빨간 색이 영미한테 아주 잘 _____.

3.   이 원피스가 마음에 꼭 _____.

4.   여름에는 시원한 옷이 잘 _____.

5.   어떤 청바지를 _____?

6.   다음 주에 인터뷰가 있어서 정장이 한 벌 _____.

D. Complete the following dialogues based on the English cues provided.

1.   A: 방 안이 좀 추운 것 같네요.

    B: 그럼 창문을 좀 _____.
            (You may close the windows.)

2.   A: 9 시에 시험 보는데 벌써 8 시 55 분이에요.

    B: 그럼 _____ 뛰세요.
            (Don't walk but run.)

3.   A: 내일 야구 시합을 _____ 하는데 함께 가지 않을래요?
            (I intend to go to see a baseball game.)

    B: 그거 좋은 생각이네요. 몇 시에 만날까요?

4.   A: 요즘 한국어 수업이 어때요?

      B: 새 단어가 너무 많이 나와서 _____ 굉장히 어려워졌어요.
                              (It is a little difficult to memorize.)

5.   A: 어제 뭐 했어요?

      B: 친구 집에 _____ (놀다) 갔어요.

6.   A: 많이 걸어서 다리가 아프죠?

      B: 네, 여기 좀ㅤ_____?
                              (May I sit down?)

7.   (한국 식당에서)

      A: 저는 육개장 먹을래요.

      B: 저는 육개장_____ 비빔밥_____ 주세요.
                              (not A but B)

8.   A: 어제 한국어 시험이 어땠어요?

      B: 지난 시험보다 어제 본 시험이 더 _____.
                              (It *seemed* easier than the last one.)

E. You are looking for a roommate to share your apartment. Using the expressions ~(으)면 좋겠다, ~(으)면 안 되다, and ~지 않아도 되다, come up with nine conditions and share them with your partner.

~(으)면 좋겠다

   1.   _____.

   2.   _____.

   3.   _____.

● ~(으)면 안 되다

    1. _____.

    2. _____.

    3. _____.

~지 않아도 되다

    1. _____.

    2. _____.

    3. _____.

● F. Translate the following sentences into Korean.

    1.   This song is difficult to sing.

        _____.

    2.   It seems that it is going to snow. (~(으)려고)

        _____.

    3.   Speak only in Korean in class; do not speak any English.

        _____.

    4.   In an effort to be healthy, I exercise almost every day.

        _____.

5. You don't have to wear a suit to go to the party.

_____.

6. The train is about to leave the station soon. (~(으)려고)

_____.

7. It is very convenient to take the subway in Seoul.

_____.

8. When I was in high school, I played soccer, not baseball.

_____.

G. Read the following passage and answer the questions in Korean.

시장과 백화점

한국에서 옷이나 신발을 사려고 하는 사람들은 시장에 가거나 백화점에 갑니다. 남대문이나 동대문 시장에서는 한국에서 만든 옷이나 신발들을 아주 싸게 살 수 있습니다. 시장에서는 보통 정가에 물건을 사지 않습니다. 물건을 파는 가게 점원들과 얘기만 잘 하면 가격을 깎을 수 있기 때문입니다. 어떤 때는 옷이나 신발들을 반값에 살 수도 있습니다. 시장에서는 카드보다 현금을 더 좋아합니다. 백화점은 시장보다 물건 가격들이 더 비쌉니다. 그렇지만 백화점에서 물건을 살 때는 현금도 쓸 수 있고, 신용카드를 쓰면 더 편리합니다. 물건 값을 한 번에 내지 않아도 되고 여러 달로 나누어서 낼 수 있기 때문입니다. 사실 백화점에서도 자주 세일을 하기 때문에 정가에 물건을 사지 않을 수도 있습니다. 한국에 가면 시장과 백화점 모두 꼭 가 보세요.

(깎다 'to cut'; 나누다 'to divide'; 사실 'in fact')

---

1. 시장이 백화점보다 더 좋은 이유(reason)들을 모두 써 보세요.

    a. _____.

    b. _____.

    c. _____.

2. 백화점이 시장보다 더 편리한 이유들을 모두 써 보세요.

    a. _____.

    b. _____.

    c. _____.

3. 여러분 생각에 시장과 백화점은 또 어떻게 다를 수 있을까요?

    a. _____.

    b. _____.

    c. _____.

H. Listen to the questions and write your own answers to them.

1. _____.

2. _____.

3. _____.

4. _____.

5. _____.

I. Listen to H again and ask your partner the same questions. Write his/her answers.

1. _____.

2. _____.

3. _____.

4. _____.

5. _____.

J. Read the following passage and answer the questions in English.

인터넷 쇼핑몰 연말 세일

모든 인터넷 쇼핑몰들이 크리스마스와 연말을 맞아 세일을 시작했습니다. 가나 쇼핑몰에서는 요즘 유행하는 가방, 모자, 신발들을 반값에 살 수 있습니다. KJ 쇼핑몰은 크리스마스 선물들을 사려고 하는 손님들을 위해 카메라와 컴퓨터를 60% 세일 가격으로 팔고 있습니다. 서울 쇼핑몰에서는 한 벌 가격으로 두 벌의 남녀 정장을 살 수 있는 세일을 하고 있어 큰 인기가 있습니다. 인터넷 쇼핑몰들은 집에서 카드로 쉽게 쇼핑을 할 수 있기 때문에 복잡한 백화점 세일을 피하려고 하는 사람들에게 특히 많은 인기를 얻고 있습니다. 세일은 내년 1월 2일까지 계속됩니다.

(인터넷 'Internet'; 쇼핑몰 'shopping mall'; 맞다 'to face'; 얻다 'to earn'; 피하다 'to avoid')

---

1.   What is the passage about?

   _____.

2.   What kind of sale is Kana shopping mall promoting?

        _____.

3.   What does KJ shopping mall sell?

        _____.

4.   What kind of sale is Seoul shopping mall promoting?

        _____.

5.   What are the reasons for the increasing popularity of the Internet shopping mall?

        _____.

K. Pretend that you are a reporter for *Consumer Reports*. Write five interview questions to find out about fashion trends and shopping patterns among college students.

1.   _____?

2.   _____?

3.   _____?

4.   _____?

5.   _____?

Ask your partner those questions and write his/her answers.

1.   _____.

2.   _____.

3.   _____.

4.   _____.

5.   _____.

L. Write about your shopping pattern and experience (e.g., how often you shop, where you shop, what you like to shop for) using the deferential style.

_____

_____

_____

_____

_____

_____

_____

_____

_____

_____

_____

_____

3과 여행 [Travel]

| CONVERSATION 1 | 한국에 가게 됐어요. |

A. Write the word that best describes each picture below.

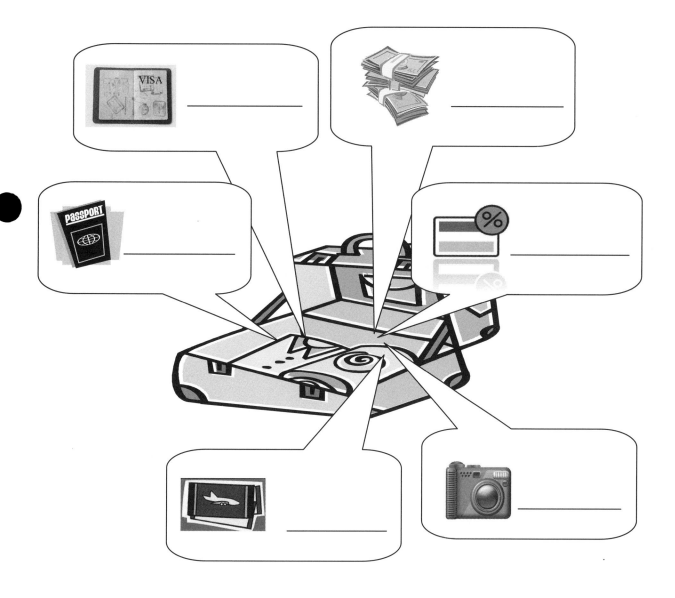

B. Write the word that best describes each picture.

농구   손   여행사   짐   출발

1. _____ 2. _____ 3. _____

4. _____ 5. _____

C. Match the words in the left column to the semantically related words in the right column.

여권   •   •   비자

가볍다   •   •   시합

농구   •   •   국제선

출발하다   •   •   무겁다

왕복   •   •   도착하다

국내선   •   •   편도

D. Listen carefully and write the words you hear.

1. _____   2. _____

3. _____   4. _____

5. _____   6. _____

E. Fill in the blanks as you listen to the sentences.

1. _____ 새 _____이 나올 거예요.

2. _____에서 한국 가는 비행기 _____를 _____돼요.

3. _____ 이번 여행을 _____하게 됐어요.

4. 기차가 _____ 어떻게 해요?

5. 비행기 표를 _____으로 예약해야 될까요, _____로 예약해야 될까요?

6. 작년에 _____ 여행을 _____ 갔었어요.

F. Listen to E again and translate the sentences into English.

1. _____.

2. _____.

3. _____.

4. _____.

5. _____.

6. _____.

G. Create a sentence composed of at least five words, as in 1. Use one word from box A and one word from box B. Use each word ONLY ONCE.

A	답 비행기표 손
	안부 외국어 장학금
	짐

B	다치다 맞다 받다
	싸다 알아듣다 전하다
	찾아 보다

1.   비행기표를 사려고 어제 인터넷을 찾아 봤어요. (6 words)

2.   _____.

3.   _____.

4.   _____.

5.   _____.

6.   _____.

7.   _____.

H. Complete the table below.

	~어/아요	~ㅆ/었/았습니다	~고	~었/았는데	~(으)면	~(으)니까
하다	해요	했습니다	하려고	했는데	하면	하니까
되다						

I. Choose a word from the box below and complete the following sentences using ~게 되다. Use each word ONLY ONCE.

이해하다   다니다   만들다   좋아하다   알아듣다   놀러 가다

3 과 여행 57

1. 내년 여름에 한국에 _____.

2. 전 어렸을 때는 김치를 못 먹었는데 지금은 아주_____.

3. 혼자 살면서 음식을 자주_____.

4. 한국 친구를 사귀고 나서 한국 문화를 더 잘_____.

5. 장학금을 받고 대학원에 _____.

6. 한국 친구를 사귀고 난 다음부터 한국말을 아주 잘_____.

J. Complete the following sentences using ~게 되다.

1. 오전 9 시 기차를 타면 _____.

2. 다음 학기에는 _____.

3. 공부를 열심히 하면 _____.

4. 한국에 가면 _____.

5. 농구를 매일 하면 _____.

6. 컴퓨터 게임을 너무 많이 하면 _____.

K. Choose the most appropriate verbs from the box below and complete the following sentences using ~(으)면 되다. Use each verb ONLY ONCE.

| 고르다 | 기다리다 | 싸다 | 예약하다 | 외우다 | 출발하다 |

1. 이제 새 단어들만 다 <u>외우면 돼요.</u>

2. 이제 짐만 _____.

3. 기차를 30 분만 더 _____.

4.   준비가 다 끝나서 이틀 후에 서울로 _____.

5.   이제 비행기표를 _____.

6.   이제 맞는 신발만 _____.

L. Complete the following sentences using ~(으)면 되다.

1.   길을 잘 모를 때는 _____.

2.   싸고 좋은 옷을 사고 싶으면 _____.

3.   돈을 많이 벌고 싶으면 _____.

4.   지금보다 건강해지려면 _____.

5.   여자 친구/남자 친구를 사귀려면 _____.

M. Convert the cues provided in L into questions, as in 1, and ask your partner the questions. Write his/her answers.

1.   Q: 길을 잘 모를 때는 어떻게 하면 돼요?

      A: _____.

2.   Q: _____?

      A: _____.

3.   Q: _____?

      A: _____.

4.   Q: _____?

      A: _____.

5.　Q: _____?

　　A: _____.

N. Using ~(으)면 되다, give advice about what to wear for the following situations, as in 1.

1.　A: 내일 친구 졸업 파티가 있어요.

　　B: 검은색 원피스하고 높은 샌들을 신으면 돼요.

2.　A: 오늘 날씨가 너무 더워요.

　　B: _____.

3.　A: 밖에 눈이 너무 많이 오고 있어요.

　　B: _____.

4.　A: 지금 비가 오고 있네요.

　　B: _____.

5.　A: 토요일에 친구들하고 함께 등산가려고 하는데 뭘 입으면 좋을까요?

　　B: _____.

6.　A: 이번 주말에 여자 친구 부모님을 처음 만날 건데 뭘 입어야 할까요?

　　B: _____.

O. Fill in the blanks as you listen to the conversation between Michael and Sophia. 🎧

소피아: 안녕하세요, 마이클 씨. _____.

마이클: 어, 소피아 씨, 전화하려고 했는데 _____.

소피아: 왜요?

마이클: 사실은 이번 여름 방학에 서울에 가서 한국어를 _____.

소피아: 그래요? 정말 _____. 유진 씨는 _____

서울에 있어요.

마이클: 네, 아직 서울에 _____.

소피아: 그럼 가서 만나게 되면 제 _____.

마이클: 네, _____.

소피아: 비행기 표는 예약하셨어요?

마이클: 네, 벌써 인터넷으로 샀어요.

소피아: 요즘은 한국까지 _____ 얼마예요?

마이클: 세일 티켓이 있어서 싸게 샀어요. 1200 불에 샀어요.

소피아: 정말 싸게 사셨네요? 비자는 _____?

마이클: 네, 여권만 _____.

P. Listen again and mark the following statements T(rue) or F(alse). 🎧

1. _____ Michael is going to Seoul this winter.

2. _____ Yujin is probably still in Seoul.

3. _____ Michael bought his plane ticket through a travel agency.

4. _____ Plane tickets to Seoul usually cost more than $1,200.

5. _____ Michael does not need a visa to go to Korea.

CONVERSATION 2	한국에 갔다 왔어요.

A. Fill in the blanks with the appropriate Korean words.

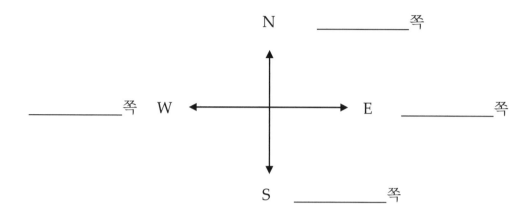

N _____쪽

_____쪽 W ⟷ E _____쪽

S _____쪽

B. Write the Korean word that best describes each picture.

경주 바다 박물관 섬 제주도 호텔

1. _____ 2. _____ 3. _____

4. _____ 5. _____ 6. _____

C. Match the nouns in the left column to the predicates in the right column.

스트레스 •		• 남다
걱정 •		• 하다
기억 •		• 풀다
인상적 •		• 다니다
학교 •		• 아름답다
경치 •		• 이다

D. Fill in the blanks with the most appropriate adverbs from the box below. Use each word ONLY ONCE.

곧	약	먼저	주로	벌써	하나도
아까		함께	아직도	혼자	

1.   한국어 숙제를_____ 다 했어요? 저도 조금만 더 하면_____

    끝날 것 같아요.

2.   저는 한국 가는 비행기표를_____ 인터넷으로 사는데 _____

    1500 불쯤 들어요.

3.   _____ 저를 기다리고 있었어요? 좀 늦어질 것 같으니까 _____

    가셔야 되겠어요.

4.   저녁은 보통 친구들하고 _____ 먹는데 오늘을 _____ 먹게 됐어요.

5.   요즘 너무 바빠서 친구들 만날 시간이 _____ 없네요.

6.   민지를 _____ 도서관에서 봤어요.

E. Listen to the questions and provide your own answers. 🎧

1. _____ .

2. _____ .

3. _____ .

4. _____ .

5. _____ .

6. _____ .

F. Complete the following sentences based on the cues provided using 동안, as in 1.

1. 한국을 <u>여행하는 동안</u> 많은 사람들을 만났습니다.
   (while traveling in Korea)

2. _____ 말을 많이 하지 마세요.
   (while having meals)

3. _____ 많은 것을 배웠습니다.
   (while living in Korea)

4. _____, 저는 빨래를 합니다.
   (while my roommate is cleaning the apartment)

5. _____, 민지는 숙제를 다 끝냈습니다.
   (while everybody was sleeping)

6. _____, 저는 음악을 듣습니다.
   (while my brother is studying)

G. Complete the conversations with the speaker's reaction using ~었/았네요, ~겠네요, or ~었/았겠네요.

1.   A: 오늘 아침에 9 시에 일어났어요.

      B: 그럼 수업에 <u>늦었겠네요</u> (to be late).

2.   A: 이번 여름에 서울에 갔다 왔어요

      B: 그럼 이민수 선생님을 _____ (to meet).

3.   A: 이번 학기에 장학금을 받았어요.

      B: 부모님께서_____ (to be joyful, glad).

4.   A: 내일 눈이 올 것 같아요.

      B: 이제 곧 _____ (to become cold).

5.   A: 이번 주말에 친구들하고 영화를 보러 갈까해요.

      B: _____ (to be fun).

6.   A: 새 컴퓨터를 사려고 해요.

      B: _____ (to cost a lot of money).

H. Complete the following conversations, as in 1.

1.   A: 요즘도 운동 자주 하세요?

      B: 아니요, 전에는 매일 <u>했었는데</u> 요즘은 바빠서 거의 못 해요.

2.   A: 밖에 아직도 비 와요?

      B: 아까까지 _____지금은 안 오는 것 같아요.

3.　　A:　　이번 학기에도 한국어 수업 들으세요?

　　　　B:　　지난 학기까지는 ＿＿＿＿＿＿＿ 이번 학기에는 못 듣고 있어요.

4.　　A:　　그 식당에 자주 가세요?

　　　　B:　　전에는 자주 ＿＿＿＿＿＿＿ 요즘은 자주 안 가요.

5.　　A:　　민지 씨 요즘 어때요?

　　　　B:　　전에는 자주 ＿＿＿＿＿＿＿ 안 만난지 좀 됐어요.

I. Complete the sentences using the double past form ~었었/았었/ㅆ었.

1.　　옛날에는 ＿＿＿＿＿＿＿＿＿＿＿＿＿＿＿＿＿＿＿＿＿＿＿.

2.　　어렸을 때는 ＿＿＿＿＿＿＿＿＿＿＿＿＿＿＿＿＿＿＿＿＿.

3.　　고등학교 때는 ＿＿＿＿＿＿＿＿＿＿＿＿＿＿＿＿＿＿＿＿.

4.　　핸드폰이 없었을 때는 ＿＿＿＿＿＿＿＿＿＿＿＿＿＿＿＿.

5.　　우리 어머니가 대학교 때는 ＿＿＿＿＿＿＿＿＿＿＿＿＿＿.

J. Listen to the questions and answer them using ~어/아 본 적이 있다/없다.

1.　　＿＿＿＿＿＿＿＿＿＿＿＿＿＿＿＿＿＿＿＿＿＿＿＿＿＿.

2.　　＿＿＿＿＿＿＿＿＿＿＿＿＿＿＿＿＿＿＿＿＿＿＿＿＿＿.

3.　　＿＿＿＿＿＿＿＿＿＿＿＿＿＿＿＿＿＿＿＿＿＿＿＿＿＿.

4.　　＿＿＿＿＿＿＿＿＿＿＿＿＿＿＿＿＿＿＿＿＿＿＿＿＿＿.

5.　　＿＿＿＿＿＿＿＿＿＿＿＿＿＿＿＿＿＿＿＿＿＿＿＿＿＿.

K. Find a classmate who has had the following experiences.

	질문	친구 이름
1.	한복을 입어 본 적 있어요?	
2.	농구장에 가 본 적 있어요?	
3.	말 'horse'을 타 본 적 있어요?	
4.	유명한 사람을 만나 본 적 있어요?	
5.	번지 점프 'bungee jumping'를 해 본 적 있어요?	
6.	(your own question)	
7.	(your own question)	
8.	(your own question)	

L. Combine two sentences using ~(으)니까, as in 1.

1.   오늘은 시간이 없어요. 내일 오세요.

→ 오늘은 시간이 없으니까 내일 오세요.

2.   차가 막혀요. 지하철을 타세요.

→ _____.

3.   가방이 아주 무거워요. 조심하세요.

→ _____.

4.   벌써 비행기표를 예약했어요. 걱정하지 마세요.

→ _____.

5. 내일 비가 올 거예요. 그냥 집에 있을래요.

→ _____.

6. 경주엔 유명한 곳들이 아주 많아요. 꼭 한 번 가 보세요.

→ _____.

7. 잘 알아들을 수가 없어요. 좀 크게 말씀해 주시겠어요?

→ _____.

M. Change the underlined words using either ~어/아서 or ~(으)니까 based on the context, as in 1.

1. 민지는 어제 아프다 [아파서] 학교에 못 왔어요.

2. 여기 경치가 너무 아름답다 [   ] 다음에 꼭 다시 오고 싶어요.

3. 테니스 치면 스트레스가 풀리다 [   ] 다음 주말에 함께 칠래요?

4. 서울은 교통이 너무 복잡하다 [   ] 운전하지 마세요.

5. 한국 음식이 먹고 싶다 [   ] 한인타운에 갔어요.

6. 내일은 아침 일찍 일어나야 되다 [   ] 오늘은 그만

주무세요.

N. Complete the following sentences by providing suggestions appropriate for the context.

1. 늦으면 부모님께서 걱정하시니까 _____.

2. 뉴욕은 물가가 비싸니까 _____.

3. 갑자기 날씨가 추워졌으니까 _____.

4.   그 옷은 잘 안 어울리는 것 같으니까 _____.

5.   이 근처에는 인상적인 데가 많으니까 _____.

O. Based on the conversation between Minji and Steve, listen to the questions and answer them in Korean. Use the deferential style. 🎧

1.   _____.

2.   _____.

3.   _____.

4.   _____.

5.   _____.

WRAP-UP ACTIVITIES

A. Listen to the descriptions of each place and choose the name of the place from the box below.

경주	불국사	석굴암	제주도	한라산

1. _____

2. _____

3. _____

4. _____

5. _____

B. Fill in the blanks with appropriate words based on the cues provided. Be careful with tenses and conjugations.

1. 한국을 여행하면서 여러 _____ 다녔는데 부산이 제일
   (places)

   _____에 _____.
   (to remain in one's memory)

2. _____ 신라의 수도였던 경주는 아주_____.
   (the old days)   (to be famous)

3. 30 분 전에 출발했는데 _____ 도착했어요?
   (already)

4. 전화하려고 했는데 _____ 잘 됐네요.
   (just in time)

5.   _____ 저는 한국 음식을 별로 안 좋아해요.
          (in fact)

6.   지난 주에 본 영화가 참 _____이었어요.
                                    (impressive)

7.   제주도는_____가 참_____.
                      (scenery)   (to be beautiful)

8.   새로 산 컴퓨터는 정말 _____ 좋아요.
                              (to be light)

C. Fill in the blanks as you listen to the passage. 🎧

지난 여름 방학 동안 한국에 _____. _____에 가서

_____에 돌아왔습니다. 외국에는 처음 _____ 조금

걱정이 됐지만 한국에 가서 아주 즐거운 시간을 보냈습니다. 서울에서 한국어를

_____ 정말 재미있었습니다. 한국에 _____

친구들도 많이 사귀고 여행도 많이 했습니다. 부산에도 가고 제주도에도 갔습니다.

날씨는 _____ 더웠지만 _____ 많이 구경할 수

있어서 아주 좋았습니다. 다음 여름에도 한국에 또 _____. 그리고

_____ 일본과 중국도 여행할 수 _____ 좋겠습니다.

D. Complete the following conversations based on the cues provided.

1.   A: 한국 음식 좋아하세요?

      B: 처음에는 싫어했었는데 이제 <u>좋아하게 됐어요</u> (~게 되다).

2. A: 여행 준비는 다 끝났어요?

B: 네, 이제 비자만_____ 돼요.

                            (~(으)면 되다)

3. A: 이번 주말에 뉴욕에 가기로 했어요.

B: 그럼 영미 씨를 _____.

                            (~었/았겠네요)

4. A: 작년 여름 방학에 뭐 했어요?

B: 일본어 배우러_____.

                            (~었었/았었/ㅆ었)

5. A: 오늘 해야 될 일은 다 했어요?

B: 이제 은행에서 돈만 _____.

                            (~(으)면 되다)

6. A: 지금 떠날 거예요?

B: 네. 지금 떠나면 그 곳에 내일 저녁 때쯤 _____.

                            (~게 되다)

7. A: 한국 박물관에 가 봤어요?

B: 아니요, 한 번도 _____.

                            (~어/아 본 적이 있다/없다)

8. A: 졸업하고 뭐 할 거예요?

B: 한국에 가서 한국어를 _____.

                            (~게 되다)

9. A: 하와이에 가 봤어요?

B: 네, 한 번 _____.

                            (~어/아 본 적이 있다/없다)

10.   A: 농구 보러 자주 오세요?

B: _____ 요즘은 자주 못 와요.
　　　　(~었었/았었/ㅆ었)

E. Listen to the questions and answer them in Korean using the expressions given.

1.   _____.
　　　(~어/아 본 적이 있다/없다)

2.   _____.
　　　(~(으)면 되다)

3.   _____.

4.   _____.

5.   _____.
　　　(~어/아 본 적이 있다/없다)

6.   _____.
　　　(~(으)면 되다)

F. Listen to E again and ask your partner the same questions. Write his/her answers.

1.   _____.

2.   _____.

3.   _____.

4.   _____.

5.   _____.

6.   _____.

G. Translate the following sentences into Korean using the expressions given.

1. In the old days, there were not many tall buildings in this town. (~었었/았었/ㅆ었)

   _____.

2. I have listened to Korean music. (~어/아 본 적이 있다/없다)

   _____.

3. All you have to do is wait for twenty minutes. (~(으)면 되다)

   _____.

4. Since it has already become cold, please be careful not to get a cold. (~(으)니까)

   _____.

5. I got to attend graduate school this fall. (~게 되다)

   _____.

6. My grandmother has never been to a foreign country. (~어/아 본 적이 있다/없다)

   _____.

7. It rained a while ago, but now it has become sunny. (~었었/았었/ㅆ었)

   _____.

8. The roommate I am looking for has to be friendly and clean. (~(으)면 되다)

   _____.

9.　When I returned to my dorm room late last night, there was no food to eat. (~(으)니까)

_____.

H. Read the following passage and answer the questions in English.

한반도 가운데에 있는 서울은 대한민국의 수도입니다. 1000 만명의 사람들이 살고 있는 서울은 1988 년 올림픽 후에 국제적인 도시로 유명해졌습니다. 긴 역사를 가진 서울에는 가 볼 곳들이 아주 많습니다. 서울 가운데에는 남산과 한강이 있습니다. 또 경복궁, 덕수궁, 창경궁 등 옛날 궁궐들이 많이 있습니다. 경복궁에는 박물관들도 있습니다. 쇼핑을 하려고 하면 인사동, 명동, 이태원, 남대문과 동대문 시장에 가면 됩니다. 서울에는 모두 14 개의 지하철 노선과 여러 개의 버스 노선이 있어서 다니기가 아주 편리합니다.

(한반도 'the Korean Peninsula'; 국제적 'international'; 궁궐 'palace'; 노선 'line')

1.　Circle all the names of the places in Seoul in the passage above.

2.　Where is Seoul located on the Korean Peninsula?

_____.

3.　How many people are living in Seoul?

_____.

4.　When did Seoul become famous in the world?

_____.

5. What are in the middle of Seoul?

_____.

6. Where would be the best places for shopping?

_____.

7. How is the public transportation in Seoul?

_____.

I. Read the following passage and mark the statements T(rue) or F(alse).

서울을 찾아오는 외국 손님들은 대부분 인천국제공항에 먼저 도착하게
됩니다. 인천국제공항 공사는 1992 년에 시작해서 8 년 4 개월이
걸려서 2001 년에 문을 열었습니다. 인천공항은 아주 넓고 깨끗합니다. 일년에
약 17 만개의 비행기 노선과 2700 만명이 다녀 가고 있습니다.
인천국제공항에서는 출발하기 전에 할 수 있는 일들도 많이 있습니다. 여러
나라의 음식들을 먹어 볼 수 있는 식당들이 많이 있습니다. 가게들도 많아서
쇼핑을 하기도 아주 쉽고 편리합니다. 한국 문화를 더 잘 이해하고 싶으면 '한국
문화 체험관'에 가서 한국 전통 음악도 듣고 그림도 그려 볼 수 있습니다. 또
인터넷 카페도 있어서 무료로 차를 마시면서 출발하기 전까지 인터넷을 쓸 수도
있습니다.

(공사 'construction'; 체험 'experience')

1. _____ 인천국제공항 공사는 1992 년에 문을 열었습니다.

2. _____ 인천국제공항 공사는 8 년쯤 걸렸습니다.

3. _____ 인천국제공항은 매년 17 만명의 사람들이 다녀갑니다.

4. _____ 인천국제공항에는 식당과 가게들이 많이 있습니다.

5. _____ 인천국제공항에 있는 한국 문화 체험관은 인터넷을 쓸 수 있는 곳입니다.

6. _____ 인천국제공항에서는 돈을 내지 않고 인터넷을 쓸 수 있습니다.

J. Interview three classmates about the most impressive place he/she has ever visited. Write your own five questions you want to ask them in Korean.

	문제	친구 (1)	친구 (2)	친구 (3)
1.				
2.				
3.				
4.				
5.				

K. Pretend that you are a reporter for a travel magazine and write about the most impressive place you have traveled. Provide as many tips as you can about the place (e.g., how to get there, what to eat, where to stay, what to see). In your writing, make sure to use at least five words from box A, five words from box B, and three expressions from box C.

A	가운데	안부	걱정	예약	경치	옛날
	기억	외국	무료	짐	사실	출발

B	가볍다	싸다	기쁘다	아름답다	다녀오다	유명하다
	다치다	이해하다	맞다	인상적이다	무겁다	풀다

C	~게 되다	~(으)ㄴ 적이 있다/없다	~기가 쉽다/어렵다	~(으)니까
	~어/아도 되다	~(으)면 되다	~(으)ㄴ/는 것 같다	~(으)면 좋겠다

_____

_____

_____

_____

_____

_____

_____

_____

_____

_____

_____

_____

_____

L. Write about the place you would like to visit most. Include why you want to go there and who you want to go there with.

_____

_____

_____

_____

_____

_____

_____

_____

_____

_____

_____

_____

_____

_____

4과 한국 생활 I [Life in Korea I]

CONVERSATION 1	인사동에 가는 길이에요.

A. Write the word that best describes each picture.

길	몸	병원	숟가락	신분증	직원

1. _____

2. _____

3. _____

4. _____

5. _____

6. _____

B. Write down the words you hear and provide their meanings in the [   ]. 🎧

1. _____ [   ]

2. _____ [   ]

3. _____ [   ]

4. _____ [   ]

5. _____ [   ]

6. _____ [   ]

C. From the box below, choose a word that best describes each of the sentences below.

계좌	몸	병원	성적
수저	신분증	유학생	학비

1. [   ]   학기 시작할 때 학교에 내야 되는 **돈**입니다.

2. [   ]   아플 때는 **여기**에 갑니다.

3. [   ]   **이것은** 숟가락하고 젓가락으로 되어 있습니다.

4. [   ]   장학금을 받고 싶으면 **이걸** 아주 잘 받아야 됩니다.

5. [   ]   외국에 나가서 공부하는 **사람**입니다.

6. [   ]   보통 은행에 가면 **이걸** 만들 수 있습니다.

7. [   ]   담배를 살 때 보통 **이게** 필요합니다.

8. [   ]   운동을 열심히 하면 **이게** 건강해질 수 있습니다.

D. Complete the following sentences with the words from the box below. Use each word ONLY ONCE.

우연히	하루 종일	항상	혹시

1. _____ 저기 서 있는 저 남자를 아세요?

2. 제 룸메이트는 _____ 아침에 일어나서 숙제를 시작해요.

3. 오늘 길에서 _____ 고등학교 때 친구를 만났어요.

4.   제 동생은 _____ 컴퓨터 게임만 해서 정말 걱정이에요.

E. Match the noun phrases in the left column to the most appropriate verbs in the right column.

소포를   •   •   찾다

성적이   •   •   잊다

선물을   •   •   생기다

전통에   •   •   좋아지다

약속을   •   •   싸다

돈을   •   •   부치다

친구가   •   •   익숙해지다

F. Complete the following dialogues using ~는 길이다 or ~는 길에.

1.   민지: 마크 씨, 어디 가세요?

      마크: _____.

      민지: 일요일인데 왜 도서관에 가세요?

      마크: 내일 아주 어려운 시험이 있거든요.

2.   스티브: 아, 소피아 씨, 지금 어디 갔다 오세요?

      소피아: _____.

      스티브: 아, 그래요? 인사동에서 뭐를 샀는데요?

      소피아: 친구 졸업 선물로 한국 전통 공예품을 샀어요.

3.   유진: 이 선생님, 학교 _____?

      이 선생님: 네, 오늘 시험이 있어서 학교에 _____.

4.   김 교수님: 아, 박 교수님, 정말 오랜간만이네요. 어디 가세요?

      박 교수님: 네, 지금 학생하고 약속이 있어서 _____.

5.   유진: 스티브 씨, 어디 가요?

      스티브: 계좌를 새로 하나 만들러 _____.

6.   제니: 우진 씨, 어디 가는 길이에요?

      우진: 한국 가는 비행기 표 예약하러 _____.

G. Complete the following sentences using ~는 길에.

1.   _____ 커피 좀 사 주시겠어요?

2.   _____ 책 좀 빌려 주실래요?

3.   _____ 이 소포 좀 부쳐 주시겠습니까?

4.   _____ 교과서 좀 갖다 줄래요?

5.   _____ 이 편지 좀 박 선생님께 전해
      주시겠어요?

H. Listen to the questions and answer in full sentences using ~는 길이다. 🎧

1.   _____.

2.   _____.

3.   아니요, _____.

4. 아니요, _____.

5. _____.

I. Complete the following dialogues using ~거든요.

1. 민수: 요즘 많이 바빠진 것 같아요.

   영미: 네, 이번 학기에 수업을 좀 _____.

2. 마크: 은행에는 왜 가야 되는데요?

   유미: 돈을 _____.

3. 제니: 어제 왜 수업에 안 왔어요?

   스티브: 감기에 걸려서 _____.

4. 소피아: 이번 학기에도 장학금 받았어요?

   동수: 아니요, 못 받았어요. 지난 학기 _____.

5. 스티브: 소피아 씨는 농구 보러 안 가세요?

   소피아: 네, 안 갈 거예요. 저는 농구 별로 _____.

6. 마크: 어제 한국 역사 숙제 다 해서 냈죠?

   동수: 아니요, 못 냈어요. 너무 바빠서 _____.

J. Listen to the questions and answer them using ~거든요.

1. _____.

2. _____.

3. _____.

4. _____.

5. _____.

K. Using either ~잖아요 or ~거든요, complete the following conversations.

1.   A: 날씨가 갑자기 추워졌네요.

     B: _____. (~잖아요)

2.   A: 겨울 방학에 왜 집에 안 갔는데요?

     B: _____. (~거든요)

3.   A: 많이 졸려요?

     B: 네, _____. (~거든요)

4.   A: 저기 민지 씨 옆에 있는 사람은 누구예요?

     B: _____. (~잖아요)

5.   A: 지난 번에 같이 산 신발이 어때요?

     B: 정말 편안해요. _____. (~거든요)

6.   A: 이번 학기 학비가 정말 많이 올랐죠?

     B: 네, _____. (~잖아요)

L. Make up appropriate questions for the following conversations.

1.   _____?

     → 숙제가 좀 많았거든요.

2. _____?

   → 이제 한국 친구가 많이 생겼거든요.

3. _____?

   → 몸이 좀 아프거든요.

4. _____?

   → 신분증을 안 가져왔거든요.

5. _____?

   → 이번 학기에 학비가 너무 올랐거든요.

M. Based on the conversation between Minji and Yujin, listen to the questions and answer them in Korean using the deferential style.

1. _____.

2. _____.

3. _____.

4. _____.

5. _____.

| CONVERSATION 2 | 소포를 부치려고 하는데요. |

A. Complete the table below with the appropriate words.

Cardinal numbers	Sino-Korean	Native Korean
1 day	일일	
2 days		
3 days		
4 days		
5 days		닷새
10 days	십일	
15 days		
20 days		스무날

B. Write the Korean word that best describes each picture.

| 봉투   상자   소포   영수증   우체통   졸업식   종이   핸드폰 |

1. _____   2. _____   3. _____   4. _____

5. _____ 6. _____ 7. _____ 8. _____

C. Put the words from the box below in the most semantically related columns. Some words can belong to more than one category.

등기	몸	병원	성적	소포	수저
우체통	우편	유학생	졸업식	직원	학비

Person	**Place**	**Post office**	**School**	**Things**

D. Match the noun phrases in the left column to the most appropriate verbs in the right column.

생활에 • • 적다

안경이 • • 가져가다

등기 우편으로 • • 깨지다

주소를 • • 부치다

영수증을 • • 적응하다

E. Complete the following sentences using the most appropriate adjectives from the box below. Use each word ONLY ONCE. Be careful about conjugation and tense.

똑같다	비슷하다	정확하다	친하다	특별하다

1.   저하고 제일 _____ 친구는 스티브예요.

2.   제 룸메이트 핸드폰하고 _____ 걸로 샀어요.

3.   소포를 부치려면 _____ 주소가 필요합니다.

4.   이번 주말에 _____ 계획이 없으면 나하고 영화 보러 갈래요?

5.   저하고 제 둘째 동생은 아주 _____.

F. Complete the following sentences using the most appropriate verbs from the box below. Use each word ONLY ONCE. Be careful about conjugation and tense.

가져 가다	도와 드리다	들어 있다
사용하다	서다	적다

1.   상자 안에는 뭐가 _____?

2.   힘들면 제가 좀 _____.

3.   비행기를 탈 때는 꼭 신분증을 _____ 돼요.

4.   대학교에 들어와서 _____ 외국어를 두 개나 배웠어요.

5.   여기에 주소와 전화번호 좀 _____.

6.   가장 싸게 소포를 보내고 싶으면 보통 우편을 _____.

G. With your partner, practice the following dialogues using N(이)요.

1. 이번 학기에 몇 과목 들어요? _____.

2. 제일 어려운 과목은 뭐예요? _____.

3. 오늘 무슨 요일이에요? _____.

4. 보통 누구하고 점심 먹어요? _____.

5. 가장 친한 친구는 누구예요? _____.

6. 공부하기 제일 편안한 곳은 어디예요? _____.

7. 여기서 집까지 얼마나 걸려요? _____.

8. 한국어 교과서는 얼마예요? _____.

H. Complete the following dialogues using ~(으)려면.

1. A: 예쁜 전통 공예품을 _____ 어디가 제일 좋을까요?

   B: 인사동에 가면 공예품 가게들이 많이 있어요.

2. A: 여기서 서울역에 _____ 몇 번 버스를 타야 하죠?

   B: 145번이나 160번을 타시면 돼요.

3. A: 교수님, 다음 학기에 한국어를 _____ 어떻게 하면 될까요?

   B: 다음 주에 와서 먼저 시험을 봐야 돼요.

4. A: 깨끗하고 조용한 아파트를 _____ 어떻게 하면 좋을까요?

   B: 먼저 인터넷으로 알아봐야지요.

5. A: 미국에 제일 빠르게 소포를 _____ 무슨 우편으로
   보내야 돼요?

   B: 특급 항공편으로 보내셔야 돼요.

I. Complete the following sentences using ~(으)려면.

1. _____ 연습을 많이 해야 돼요.

2. _____ 공부를 열심히 하세요.

3. _____ 등기 우편으로 보내야 돼요.

4. _____ 신분증을 꼭 가지고 가세요.

5. _____ 오늘 밤에 일찍 자야 돼요.

J. Complete the following sentences using ~지 않으려면.

1. 약속에 _____ 집에서 일찍 나와야 돼요.

2. 감기에 _____ 손을 자주 씻어야지요.

3. 돈을 많이 _____ 지하철을 타야 돼요.

4. 다리를 _____ 운동할 때 조심해야죠.

K. Ask your partner the following questions.

1. 한국어를 잘 하려면 어떻게 해야 될까요?

   _____.

2. 돈을 많이 벌려면 무슨 일을 해야 할까요?

   _____.

3. 선생님이 되려면 어떻게 해야 돼요?

   _____.

4.   스트레스를 풀려면 뭘 하는 게 좋을까요?

_____.

5.   장학금을 받으려면 어떻게 해야 돼요?

_____.

L. Give your own responses to the following statements using ~어/아야지요.

1.   배가 너무 불러요.

→ _____.

2.   한국어 시험을 잘 못 봤어요.

→ _____.

3.   소포 안에 깨지는 물건이 들어있어요.

→ _____.

4.   지금 기숙사 방이 너무 더러워요.

→ _____.

5.   몸이 많이 아파서 병원에 가야 돼요.

→ _____.

M. Based on the situations provided, give your own advice using ~(으)려면 ~어/아야지요, as in 1.

1.   건강해지고 싶어요.

→ 건강해지려면 매일 운동을 해야지요.

2.   가수가 되고 싶어요.

→ _____.

3.   매일 맛있는 한국 음식을 먹으면 좋겠어요.

→ _____.

4.   한국 문화에 빨리 적응하고 싶어요.

→ _____.

5.   여자 친구를 사귀고 싶어요.

→ _____.

6.   룸메이트하고 더 친해지면 좋겠어요.

→ _____.

N. Answer the following questions using the expressions provided in parentheses.

1.   _____. (~(이)요)

2.   _____. (~어/아야지요)

3.   _____. (~(이)요)

4.   _____. (~어/아야지요)

5.   _____. (~어/아야지요)

O. Fill in the blanks as you listen to the conversation between Yujin and the clerk at the post office.

직원: 어서 오세요. _____?

유진: 일본으로 소포를 _____.

직원: 일본 어디요?

유진: 토쿄요. 얼마나 걸릴까요?

직원: 등기 우편으로 부치시면 _____ 들어갈 수 있어요. 보통 우편은

_____ 걸려요. 빠르고 _____ 보내시려면 좀 더

_____ 등기로 _____.

유진: 그럼 등기 우편으로 해 주세요.

직원: 소포 안에 _____ 물건이 들어 있습니까?

유진: 아니에요, 그냥 가방이에요.

직원: 그럼 여기에 받으실 분 성함과 주소 좀 _____?

유진: 네. 감사합니다. 그리고 영수증을 좀 받을 수 있을까요?

직원: 그럼요. _____.

P. Listen to O again and mark the following statements T(rue) or F(alse). 🎧

1. _____ Yujin wants to send a package to Japan.

2. _____ It takes only two days for a package sent via registered mail.

3. _____ Yujin ended up sending the package via regular mail.

4. _____ Yujin's package is breakable.

5. _____ Yujin did not get a receipt.

WRAP-UP ACTIVITIES

A. Fill in the blanks with the words you hear. 🎧

민지 씨에게

그동안 잘 지냈어요? 저는 지금 서울에서 ＿＿＿＿＿＿ 지내고 있어요.

＿＿＿＿＿＿ 도착해서 여기 저기를 구경했어요. 매일 여러 군데를 ＿＿＿＿＿＿

다녀서 좀 피곤하지만 처음 ＿＿＿＿＿＿ 것들이 아주 많아서 참 재미있어요. 다음에는

민지 씨하고 같이 ＿＿＿＿＿＿ 더 좋을 것 같아요. 오늘은 인사동에 가서 한국

사람들과 ＿＿＿＿＿＿ 하고 사진도 많이 ＿＿＿＿＿＿. 그리고 한국 전통 공예품

가게에서 미국에 있는 ＿＿＿＿＿＿ 선물들을 샀어요. 저는 서울에서 ＿＿＿＿＿＿

정도 더 지낸 다음에 경주로 ＿＿＿＿＿＿. 경주에서 돌아온 다음에는 아주

＿＿＿＿＿＿. 곧 새 학기가 ＿＿＿＿＿＿. 한국 대학 생활이 조금 걱정이 되지만

금방 ＿＿＿＿＿＿ 것 같아요. 경주에 ＿＿＿＿＿＿ 또 ＿＿＿＿＿＿. 다른

친구들한테도 제 ＿＿＿＿＿＿.

B. Match the English expressions to their Korean counterparts.

How may I help you?	•	•	어서 오세요.
May I try this on?	•	•	수고하세요.
Keep up the good work.	•	•	마침 잘 됐네요.
Can I just look around?	•	•	한 번 입어 봐도 돼요?
It's perfect timing.	•	•	어떻게 도와 드릴까요?
Welcome.	•	•	구경 좀 할게요.

C. Complete the following dialogues based on the cues given.

1. A: 내일 9시 수업이 있죠?

   B: 네, _____ (~(으)려면) 저녁에 일찍 자야 돼요.

2. A: 이번에는 뉴욕에 얼마나 오래 있었어요?

   B: _____. (~(이)요.

3. A: 이번 주 언제 집에 가세요?

   B: _____. (~(이)요.

   A: 그래요? 비행기표는 사셨어요?

   B: 아니요. 이제 _____. (~어/아야지요)

4. (on the street)

   A: 지금 어디 갔다 오세요?

   B: _____. (~는 길이다)

5. A: 왜 이렇게 기분이 안 좋으세요?

   B: _____. (~거든요)

6. A: 점심에 뭐 먹었어요?

   B: _____. (~(이)요)

7. (식당에서)

   A: 자리가 없네요?

   B: 예약 안 하셨어요? _____. (~어/아야지요)

8.   A: 요즘 많이 바쁘세요?

      B: 네, _____. (~거든요)

9.   A: 한국어를 좀 더 잘 하면 좋겠어요.

      B: _____ (~(으)려면) 한국 영화를 많이 보세요.

D. Answer the questions using the expression given in parentheses.

1.   _____. (~거든요)

2.   _____. (~어/아야지요)

3.   _____. (~는 길이다)

4.   _____. (~(이)요)

5.   _____. (~거든요)

E. Create your own sentence composed of at least five words, as in 1. In each sentence, use one word from box A, one from B, and one from C. Use each word ONLY ONCE.

A	몸	봉투	상자	성적
	소포	신분증	영수증	우편
	전통	졸업식	직원	학비

| B | 똑같다 | 비슷하다 | 익숙하다 | 정확하다 |
| | 졸리다 | 친하다 | 편안하다 | 특별하다 |

| C | 가져가다 | 깨지다 | 사용하다 | 생기다 |
| | 서다 | 싸다 | 잊다 | 적응하다 |

1.   한국 공예품을 사려면 인사동에 가면 돼요. (6 words)

2. _____.

3. _____.

4. _____.

5. _____.

6. _____.

F. Translate the following sentences into Korean.

1. Would you buy me a cup of coffee on your way to the school cafeteria?

    _____?

2. If you intend to buy clothes cheap, go to the Dongdaemun market.

    _____.

3. I am on my way to the post office to send a package.

    _____.

4. I received a scholarship this semester, you see. (~거든요)

    _____.

5. If you intend to exercise before you go to school, you should get up early in the morning. (~어/아야지요)

    _____.

6. You ought to write the address accurately/correctly. (~어/아야지요)

    _____.

G. Write your own questions to ask your classmate about the town he/she is from. Interview at least three classmates.

Questions	Classmate 1	Classmate 2	Classmate 3
1.			
2.			
3.			
4.			
5.			

H. Read the following passage and mark the statements that follow T(rue) or F(alse).

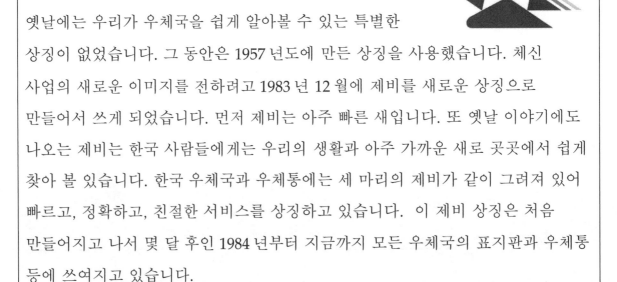

한국의 우체국을 상징하는 제비

옛날에는 우리가 우체국을 쉽게 알아볼 수 있는 특별한 상징이 없었습니다. 그 동안은 1957 년도에 만든 상징을 사용했습니다. 체신 사업의 새로운 이미지를 전하려고 1983 년 12 월에 제비를 새로운 상징으로 만들어서 쓰게 되었습니다. 먼저 제비는 아주 빠른 새입니다. 또 옛날 이야기에도 나오는 제비는 한국 사람들에게는 우리의 생활과 아주 가까운 새로 곳곳에서 쉽게 찾아 볼 있습니다. 한국 우체국과 우체통에는 세 마리의 제비가 같이 그려져 있어 빠르고, 정확하고, 친절한 서비스를 상징하고 있습니다. 이 제비 상징은 처음 만들어지고 나서 몇 달 후인 1984 년부터 지금까지 모든 우체국의 표지판과 우체통 등에 쓰여지고 있습니다.

(상징 'symbol'; 체신 사업 'postal work'; 'postal service'; 이미지 'image'; 알리다 'to make it known'; 제비 'a swallow'; 새 'bird'; 표지판 'sign', 'bulletin board')

1. _____ A swallow symbol was first created in 1983.

2. _____ A swallow symbol began to be used in 1983.

3. _____ A swallow is known for its speed.

4. _____ A swallow is hard to find in Korea.

5. _____ There are three swallows in the Korean postal service mark.

6. _____ There was no other mark used before the swallow mark.

7. _____ A swallow symbol is currently used only on postal boxes.

I. Read the following passage and answer the questions in English.

인사동

인사동은 서울 가운데에 있는 동네입니다. 역사가 아주 오래 된 인사동은 옛날과 오늘을 모두 같이 찾아 볼 수 있는 곳입니다. 인사동에는 옛날부터 골동품 가게들이 많이 있었는데, 지금은 맛있는 식당들과 찻집, 전통공예품 가게, 옷가게, 미술관들도 아주 많습니다. 근처에는 한국의 역사를 찾아 볼 수 있는 궁궐들도 많이 있습니다. 그래서 많은 사람들이 인사동에 와서 걸어다니면서 구경도 하고, 쇼핑도 하고, 친구들도 만나고 합니다. 사람과 차들로 너무 복잡해져서 지난 1997 년부터는 매주 일요일 오전 10 시부터 오후 10 시까지 차가 다닐 수 없게 만들었습니다. 그리고 2003 년부터는 토요일 오후 2 시부터 인사동에는 차가 다닐 수 없게 되었습니다.

(골동품 'antiques'; 미술관 'art gallery'; 궁궐 'palace'; 거리 'street')

---

1.   Where is Insadong located in Seoul?

_____.

2.   What kind of place is Insadong?

_____.

3.   What kinds of stores are there at Insadong?

_____.

4.   What do people do when visiting Insadong?

_____.

5.   Explain in detail the special traffic arrangement at Insadong.

_____.

J. Your friend will be coming to your hometown (or the town where your school is located) to stay for a while. Write an e-mail message to your friend introducing the town (e.g., places to visit, things to do, things to know about the town).

_____

_____

_____

_____

_____

_____

_____

_____

_____

_____

K. You are doing a study-abroad program in a city (of your choice) and have not seen your family in more than six months. Write a letter to a family member about your life in a foreign country.

_____

_____

_____

_____

_____

_____

_____

_____

5과 한국 생활 II [Life in Korea II]

| CONVERSATION 1 | 방 값도 싸고 괜찮아. |

A. Choose a word from the box and write it below the corresponding picture.

| 가구 | 거실 | 옷장 | 책장 | 침대 | 침실 |

1. _____

2. _____

3. _____

4. _____

5. _____

6. _____

B. Choose a word from the box and write it below the corresponding picture.

| 사무실 | 물건 | 배달 | 아주머니 | 집주인 | 하숙비 |

1. _____

2. _____

3. _____

4. _____   5. _____   6. _____

C. Choose the word in the box that best fits the description and write it in the blank.

| 하숙방 | 원룸 | 가구점 | 하숙집 |

1. _____   가구를 사고 싶으면 이 곳에 가서 알아 보세요.

2. _____   요즘 이 곳에서 사는 대학생들이 많습니다.
              Studio 하고 비슷해서 방 하나에 침실, 부엌이 한 방에 다
              들어있습니다.

3. _____   학생들이 사는 곳입니다. 잘 수 있는 방이 있고 음식이
              *나옵니다. (*to be served)

4. _____   하숙하는 학생들이 사는 방이에요.

D. Choose an appropriate word from the box and fill in the blank with it. Conjugate as necessary.

| 구하다 | 소개하다 | 벗다 | 옮기다 | 지나가다 | 통화하다 |

1.   좋은 하숙집이 있으면 하나 _____ 주실래요?

2.   요즘 하숙방을 _____ 고 있는 학생이 많아서 하숙방 찾기가 어려워요.

3.   길을 잘 몰라서 _____ 는 사람한테 물어봤어요.

4.   지금 사는 아파트가 불편해서 다른 아파트로 _____려고 해요.

5.   한국에서는 집 안에 들어갈 때 신발을 _____고 들어 가세요.

6.   아침에 어머니하고 _____고 나서 아버지한테 전화를 드렸어요.

E. Fill in the blanks as you listen to the following conversation. 🎧

민지: 마크 씨, 1. _____ 아파트에서 살기가 어때요?

마크: 하숙집 아주머니는 2. _____(어/아) 서 좋은데 인터넷 이 좀 잘 안돼서 불편해요.

민지: 그래요? 학교까지는 가까워요?

마크: 아뇨. 좀 멀어요.

민지: 그럼, 학교 가까운 데로 3. _____ 게 어때요?

마크: 그러지 않아도 그럴까 생각하고 있었어요. 그래서 4. _____ 한 하숙집에

전화를 했는데, 한국어가 5. _____서 전화 통화하기가 어려웠어요.

하숙집 주인하고 통화할 때 마크 씨가 좀 도와 주실래요?

F. Come up with the possible advantages (좋은 점) and disadvantages (나쁜 점) of living in a 원룸 versus a 하숙집.

A. 원룸:

좋은점

나쁜점

B. 하숙집:

좋은점

나쁜점

G. Fill in the following grids with both polite-ending forms and intimate-ending forms.

	~어/아요	~어/아		~어/아요	~어/아
가다	가요	가	구하다	구해요	
불편하다			어렵다		
살다			부르다		
알아보다			학생이다		
벗다		벗어	찾았다		찾았어
주다			소개할 거다		
옮기다	옮겨요		아니다	아니요	
듣다			yes	네	

H. Based on the pictures, answer the question "지금 뭐 해?" using the intimate styles. Start with "나 지금 . . ."

1.   →   나 지금 음악을 들어.

2.   →   _____.

3.   →   _____.

4.   →   _____.

5.   →   _____.

6.   →   _____.

7.   →   _____.

I. Convert the following dialogues into the intimate styles.

1. A: 민지 씨, 요즘 어떻게 지내요?

   B: 어, 마크 씨, 저는 좀 바빠요.

2. A: 마크 씨, 이사 간 하숙집이 마음에 들어요?

   B: 네. 주인 아주머니도 친절하시고 음식도 맛있어요.

3. A: 샌디 씨, 제일 친한 친구가 누구예요?

   B: 저하고 제일 친한 친구는 하숙집에 같이 사는 스티브 씨예요.

4. A: 이번 주말에 뭐 할 거예요?

   B: 주말에는 피자 배달 아르바이트를 해서 이번 주말도 일해야 돼요.

5. A: 민지 씨, 이 소포를 미국에 부치려고 하는데, 어떻게 하면 빨리 보낼 수 있을까요?

   B: 글쎄요. 동네 우체국에 가서 물어 보는 게 어떠세요?

6. A: 마크 씨, 한국에 온 지 오래 되신 것 같네요.

   B: 아니요. 1년 밖에 안 됐어요.

   A: 아, 그래요? 그런데 한국 친구가 참 많으시네요. 한국어도 참 잘하시고요.

   B: 아뇨. 아직도 많이 부족해요.

J. Change the entire following conversation using the intimate style ~어/아 and practice with your partner. 🗣

스티브: 민지 씨, 제가 이사를 하려고 원룸을 찾고 있는데 좋은 데를 알고 있으면 좀 소개해 주실래요?

민지: 그래요? 지금 사는 아파트가 불편해요?

스티브: 학교에서 멀어서 좀 불편해서요.

민지: 그래요? 그런데, 원룸은 지금 찾기가 어려울 거예요. 원룸 말고 학교 근처에 있는 하숙집을 구하는 게 어때요?

스티브:	하숙집에서는 살아 본 적이 없어서 잘 모르겠어요.
민지:	하숙집에서 살면 식사도 나오고 다른 학생들과 한국어를 연습할 수도 있어서 좋을 것 같은데요.
스티브:	그래요. 하숙방에 옷장이랑 책장 같은 가구들도 있어요?
민지:	네. 하지만 침대는 없을 거예요. 보통 바닥에서 거든요.
스티브:	그래요? 아주 재미있는 *경험이 되겠는데요. (*경험: experience)
민지:	제가 잘 아는 하숙집이 있는데 한 번 알아봐 드릴까요?
스티브:	그렇게 해 주실래요?

K. Fill in the blanks as you listen to the dialogue. Listen more than once if necessary. (아르바이트 'part-time job') 🎧

유진:	수빈아, 잘 지냈어?
수빈:	응. 1. _____. 너도 잘 지냈어?
유진:	그래. 그런데 하나 물어 볼 게 있어. (혹시) 좋은 아르바이트 알고 있으면 2. _____?
수빈:	왜? 지금 하는 아르바이트가 3. _____?
유진:	응, 그래서 요새 새 아르바이트를 4. _____.
수빈:	지금 하는 아르바이트가 5. _____?
유진:	아니. 일도 재미있고 일을 많이 안 해도 돼서 편한데
	6. _____.

L. [Role-play] Using the above dialogue as a model, create dialogues for a role-play based on the following cues. Be creative. (머리방 'beauty salon'; 아르바이트 자리: 'part-time job position') 🧑‍💬

1.

2.

3.

4.

M. Describe the following pictures using ~(으)ㄴ/는 편이다.

1.   기숙사/시끄럽다   → 기숙사가 시끄러운 편이에요.

2.   동생/작다   → _____.

3.   날씨/흐리다   → _____.

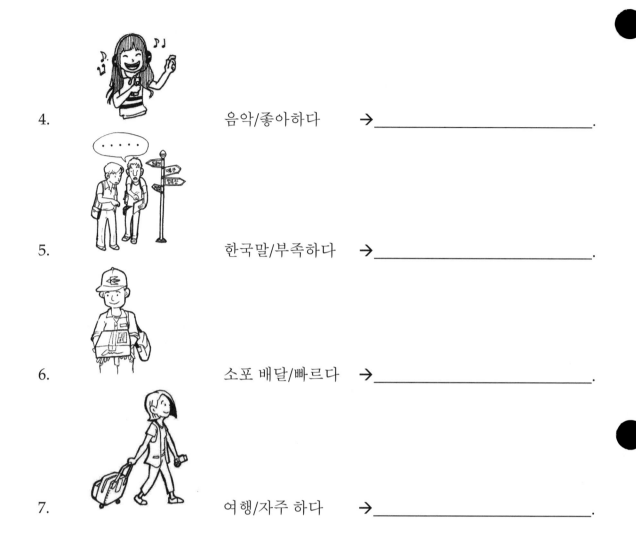

4.   음악/좋아하다   →_____.

5.   한국말/부족하다   →_____.

6.   소포 배달/빠르다   →_____.

7.   여행/자주 하다   →_____.

N. Using ~(으)ㄴ/는 편이다, complete the following dialogues using the words given in the box.

싸다	힘들다	멀다	재미있다	자다	친절하다	가다	괜찮다

1.   A: 마크 씨, 한국은 요즘 날씨가 아주 안 좋은데, 미국은 어때요?

      B: _____이에요.

2.   A: 민지 씨는 보통 하루에 몇 시간 자요?

      B: 저는 많이 _____인데 요즘은 바빠서 5 시간 밖에 못 자요.

3. A: 소피아는 집에 자주 가?

   B: 집이 _____이라서 자주 못 가. 한 달에 한 번쯤

   _____이야.

4. A: 지금 이사 간 하숙집이 어때?

   B: 괜찮아. 하숙집 주인도 _____이고 하숙비도

   _____이야.

5. A: 스티브, 이번 학기 어떻게 지내?

   B: 좀 _____이야. 수업도 다섯 과목이나 듣고 아르바이트도 해.

6. A: 민지 씨 남자 친구가 어떤 사람이야?

   B: _____고 _____이라서 참 좋아.

O. Listen to the questions and answer them using ~(으)ㄴ/는 편이다. 🎧

1. _____.

2. _____.

3. _____.

4. _____.

5. _____.

P. Change the following predicates into ~(으)ㄴ/는지 알다/모르다 forms, as in 1.

1. 살다 → 마크 씨가 어디 사는지 몰라(요)/ 알아(요).

2. 옮기다 → _____.

3. 구했다 → _____.

4. 신기하다 → _____.

5. 부족했다 → _____.

6. 어디이다 → _____.

7. 언제였다 → _____.

Q. Listen to the sentence and change it using ~(으)ㄴ/는지 알다, as in 1. 🎧

1. 경제학 수업은 어디서 해요?
경제학 수업은 어디서 하는지 아세요?

2. _____?

3. _____?

4. _____?

5. _____?

6. _____?

7. _____?

R. Combine the following elements to make a sentence, using ~(으)ㄴ/는지 몰라서, as in 1.

1. 한국어 수업/어느 교실에서 하다/수업에 늦다

→ 한국어 수업을 어느 교실에서 **하는지 몰라서** 수업에 늦었어요.

2. 하숙집 주인/친절하다/친구한테 물어보다

   → _____.

3. 피시방/뭐 하다/한 번 가보다

   → _____.

4. 하숙방/침대/있다/하숙집에 가보려고 하다

   → _____.

5. 오늘/학교에 가다/선생님께 전화하다

   → _____.

6. 오늘/날씨/맑다/텔레비전에서 일기예보를 보다

   → _____.

S. Using the suffix ~(으)ㄴ/는지 알아요, ask your partner the following questions.

1. Do you know when the school was founded (학교가 문을 열다)?

2. Do you know what day of the week today is?

3. Do you know who the tallest person in the class is?

4. Do you know who will teach Korean next semester?

5. Do you know which dormitory is closest?

CONVERSATION 2 | 이사 온 지 얼마나 됐어요?

A. Choose a word from the box and write it below the corresponding picture.

소파	아르바이트	사투리	사우나	냉장고
바닥	지갑	식탁	세탁기	운전 면허	청소기

1. _____   2. _____   3. _____   4. _____

5. _____   6. _____   7. _____   8. _____

9. _____   10. _____   11. _____

B. Choose an appropriate word from the box and fill in the blank with it. Conjugate if necessary. Use each word ONLY ONCE.

연결하다	돌아가다	넘어지다	사먹다	눕다	잠이 들다	헤어지다

1.   어젯밤에 영화를 보다가 그만 잠이 _____어요.

2.   피곤하시면 여기 침대에 _____서 좀 쉬세요.

3.   그 친구를 사귀다가 1년 후에 _____어요.

4.   인터넷을 _____려고 하는데 어떻게 하면 돼죠?

5.   하숙집으로 이사를 하면 식당에서 음식을 안 _____도 돼요.

6.   나중에 미국에 _____면 한국이 많이 그리울 거예요.

7.   어제 빨리 뛰어 가다가 길에서 _____어요.

C. Choose the word in the box that best fits the description and write its letter in the blank.

| (a) 찜질방 | (b) 피시방 | (c) 만화방 | (d) 하숙집 | (e) 노래방 | (f) 지방 |

1.   _____   이 곳에서는 이메일도 보내고 인터넷 게임도 할 수 있습니다.

2.   _____   사우나도 할 수 있고 바닥이 따뜻한 방에서 쉴 수도 있어요.
                 스트레스가 많을 때 이 곳에 가서 쉬어 보세요.

3.   _____   만화를 좋아하세요? 이 곳에 한 번 가보세요.

4.   _____   노래를 부르면서 스트레스를 풀 수 있는 곳이에요.

5.   _____   아파트에 살면서 혼자 음식을 만들어 먹기가 힘드세요? 그럼
                 이 곳으로 옮겨 보세요. 식사문제는 걱정 안 해도 됩니다.

6.   _____   서울이 아니고 다른 곳입니다. 이곳에서 온 사람들은 보통
                 사투리를 씁니다.

D. Fill in the blanks with words from the box. Conjugate them if necessary. Use each word ONLY ONCE.

그립다	신기하다	안전하다	방금

유진: 민지 씨, 요새 한국 생활이 어때요?

마크: 서울에는 _____ 일이 많아서 아주 재미있고 새로 이사간 원룸 생활도

마음에 들어서 좋아요.

유진: 아 그래요? 원룸이 _____요?

마크: 네. 그럼요. 그래서 원룸으로 이사 갔거든요.

유진: 미국에 있는 가족이 안 _____세요?

마크: 가족들은 다 보고 싶어요. 그렇지만 좀 있으면 미국에 돌아갈 수 있으니까

괜찮아요.

유진: 다행이네요. _____ 저도 집으로 가는 비행기 표를 샀어요.

마크: 벌써 비행기 표를 사셨어요?

E. Listen to the questions and write the answers.

1. _____.

2. _____.

3. _____.

4. _____.

5. _____.

F. Translate the following sentences into Korean.

1. How long has it been since you moved to a new apartment?

    _____?

2. It has been three years since I traveled to Jeju Island.

    _____.

3. How long has it been since you dated Steve?

    _____?

4. I have known Steve for eight months.

    _____.

5. How long has it been since you went to a karaoke room?

    _____?

6. How long has it been since the Internet was connected?

    _____?

G. Using the ~(으)ㄴ/는 지 . . . 되다 pattern, ask your partner the following questions.

    How long has it been

1. since you learned Korean?
2. since you moved to the place where you live? (지금 사는 곳)
3. since you ate Korean food?
4. since you talked to your parents on the phone?
5. since you traveled to a foreign country?

H. Listen to the short dialogue and rewrite it in one sentence, as in 1. 🎧

1.   A: 민지 씨, 한국어를 언제부터 공부했어요?

      B: 2년 전에 배우기 시작했어요.

      →   민지는 한국어를 공부한 지 2년 됐어요.

2.   →   _____.

3.   →   _____.

4.   →   _____.

5.   →   _____.

6.   →   _____.

I. Combine the two pieces of information and compose a sentence, as in 1.

1.   밥을 먹다가 재채기(sneezing)를 했어요.

2.   _____.

3.   _____.

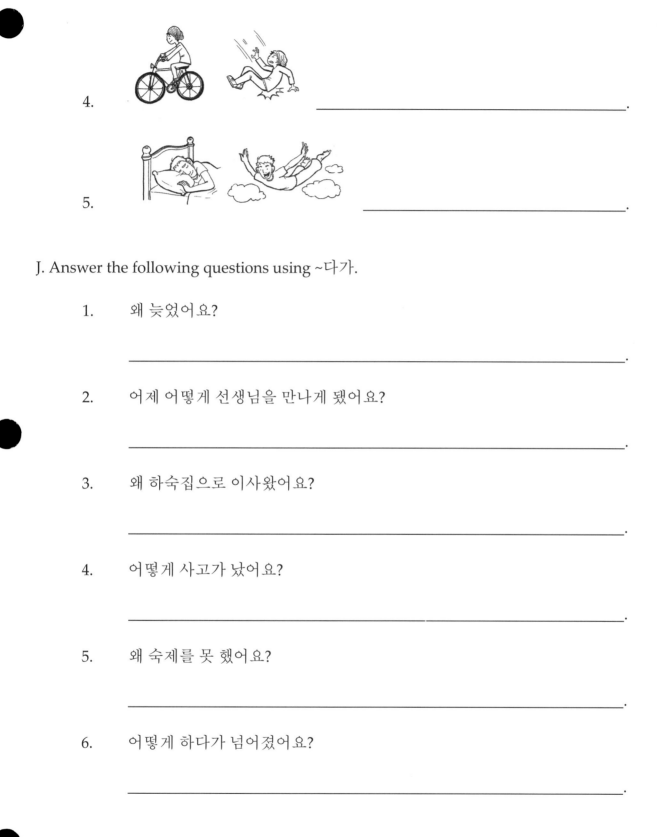

4.   _____.

5.   _____.

J. Answer the following questions using ~다가.

1. 왜 늦었어요?

    _____.

2. 어제 어떻게 선생님을 만나게 됐어요?

    _____.

3. 왜 하숙집으로 이사왔어요?

    _____.

4. 어떻게 사고가 났어요?

    _____.

5. 왜 숙제를 못 했어요?

    _____.

6. 어떻게 하다가 넘어졌어요?

    _____.

K. Create a dialogue using ~다가 as in 1.

1.   [수업을 듣다; 전화가 오다]

　　　A: 아까 수업 시간에 왜 나갔어요?

　　　B: 수업을 듣<u>다가</u> 전화가 와서 전화 받으러 나갔어요.

2.   [운동하다; 다치다]

　　　A: _____

　　　B: _____

3.   [아파트에 살다; 하숙집으로 이사오다]

　　　A: _____

　　　B: _____

4.   [잠을 자다; 전화를 받다]

　　　A: _____

　　　B: _____

5.   [청소하다; 잃어 버렸던 지갑을 찾다]

　　　A: _____

　　　B: _____

6.   [사귀다; 헤어지다]

　　　A: _____

　　　B: _____

7.   [(식당 앞을) 지나가다; 친구를 만나다]

　　　A: _____

　　　B: _____

WRAP-UP ACTIVITIES

A. Change the entire following conversation using the intimate style ~어/아.

스티브:	안녕하세요. 어제 새로 이사 온 스티브예요.
수진:	아, 반가워요. 저는 수진이에요.
	이사온 지 얼마나 됐어요 ?
스티브:	어제 이사 왔어요.
수진:	그래요? 불편한 건 없어요?
스티브	방도 괜찮고 사람들도 친절해서 다 좋은데, 인터넷 연결이 잘 안 돼요.
수진:	아, 그래요? 그럼 피시방에 가 보세요. 돈을 내고 인터넷을 사용할 수 있어요.
스티브:	아, 그런 곳이 있어요?
수진:	네, 한국에는 다른 방들도 많이 있어요.
	피시방, 노래방, 만화방, 찜질방도 있어요.
스티브:	찜질방은 뭐예요?
수진:	목욕도 하고, 사우나도 하고 먹기도 하고 쉬기도 하는 곳이에요.
스티브:	신기하네요.
수진:	공부하다가 힘들면 한번 가 보세요. 스트레스가 풀릴 거예요.

B. Listen to the following passage and fill in the blanks with what you hear.

스티브가 1. _____ 지도 벌써 6 개월이 지났다. 스티브는 그동안 원룸에서

2. _____ 지난 주말에 학교 앞 하숙집으로 옮겼다. 원룸은 조용해서 좋지만

혼자 식사 준비를 해야 하고 또 친구가 없어서 가끔 심심하다. 하숙집은 여러

학생들과 같이 살고 음식을 직접 만들지 3. _____ 서 좋다. 새로 이사간

하숙집의 방은 작지만 주인 아주머니가 아주 친절하시고 4. _____ 이다.

하숙집은 또 아침과 저녁을 주기 때문에 점심만 학교에서 사 먹으면 된다.그 전에는

하숙집이 이렇게 5. _____.

C. Choose the word that best fits in the blanks. Conjugate the forms if necessary. Use each word ONLY ONCE.

살다	깨끗하다	알다	응	이사가다

수지: 마크, 나 수진데. 오늘 시간이 있어?

마크: 1. _____. 그런데 왜?

수지: 어, 나 어제 하숙집으로 이사를 했거든. 그래서 가구를 좀 사야

하는데 어디가 제일 좋은지 2. _____?

마크: 어. 내가 아는 가구점이 있는데, 싸고 좋은 가구가 많아. 그런데 새로

3. _____ 하숙집은 어때?

수지: 어, 4. _____ 편이고 식사도 잘 나와서 좋아. 특히,

그 전에 원룸에서 5. _____가 하숙집으로 이사와서 좋은

점이 많아. 하숙생들이 많아서 좋은 것 같아.

마크: 잘 됐네.

D. Change the whole dialogue in C using the deferential-ending forms.

_____

_____

_____

_____

_____

_____

_____

E. Read the following conversation and answer the questions.

스티브:	안녕하세요. 어제 전화한 학생인데요, 하숙방 보러 왔어요.
하숙집 주인:	아, 그 미국 학생. 어서 와요. 여기 방이 하나 있어요. 온돌방인데 괜찮겠어요?
스티브:	네, 괜찮습니다. 식사는 하루에 세 번 다 나와요?
하숙집 주인:	아침하고 저녁만 나와요. 여기 학생들은 점심은 학교에서 사 먹어요.
스티브:	알겠습니다. 가구는 책상밖에 없어요?
하숙집 주인:	책상하고 옷장이 있어요. 다른 가구는 가져 와야 돼요.
스티브:	아, 네.
하숙집 주인:	근데, 학생은 한국에 온 지 얼마나 됐어요?
스티브:	이제 반 년 됐어요.
하숙집 주인:	어머, 반 년밖에 안 됐는데 한국말을 참 잘 하네요.
스티브:	뭘요, 아직 많이 부족합니다.

1.   스티브는 하숙집에 왜 왔습니까?

_____.

2.   스티브는 이 하숙집으로 이사를 오게 되면 어떤 가구가 필요할까요?

_____.

3.   이 하숙집에서는 언제 식사가 나와요?

_____.

4.   스티브는 한국에서 얼마동안 살았어요?

_____.

5.   Rewrite the last sentence 아직 많이 부족합니다 using ~(으)ㄴ/는 편이다.

_____.

F. Read the following passage and answer the questions.

스티브가 한국에 온 지도 벌써 8개월이 지났다. 처음에는 한국 생활이
어려웠지만 지금은 많이 익숙해졌다. 그동안 한국 친구도 많이 사귀었다.
스티브는 그동안 아파트에서 혼자 살다가 지난 주말에 학교 앞 하숙집으로
옮겼다. 아파트는 프라이버시가 있어서 좋지만 혼자 식사준비를 해야 하고
또 가끔 심심해서 하숙집으로 이사했다. 하숙집은 방이 작지만 주인
아주머니가 아주 친절하시고 하숙비도 싸다. 하숙집은 또 아침과 저녁을
주기 때문에 점심만 학교에서 사먹으면 된다. 스티브의 하숙방은
온돌방이고 침대가 없다. 한국에서는 방에 들어갈 때 반드시 신발을 벗고
들어가야 한다. 스티브 방 안에는 책상과 의자, 책장 두 개, 그리고 작은
옷장이 있다. 책상 위에는 컴퓨터가 있고 가족 사진도 있다. 스티브와 같이

하숙하는 학생들은 대부분 지방에서 올라온 학생들이다. 처음에는 사투리가 서울말하고 달라서 알아듣기 힘들었는데 이제는 많이 익숙해졌다. 어떤 학생들은 경상도 사투리를 쓰고 또 어떤 학생들은 전라도 사투리를 쓰는데 여러 지방의 말씨가 서로 달라서 참 재미있다. 사투리 때문에 요즘 한국어 배우기가 더 재미있다.

(익숙해지다 'to become familiar')

1. 스티브의 한국 생활은 어떻습니까?

    _____.

2. 스티브는 아파트에 살다가 왜 하숙집으로 옮겼습니까?

    _____.

3. 하숙집은 아파트하고 어떻게 다릅니까?

    _____.

4. 스티브가 같이 하숙하는 학생들은 어떤 학생들입니까?

    _____.

5. 하숙집 생활이 왜 재미있습니까?

    _____.

G. Translate the following sentences.

1. Because the Internet connection is not good, living in a boardinghouse is rather difficult.

    _____.

2.   Because the proprietor of the boardinghouse is kind and Steve knows
      most of the students living there, it is comfortable living in the
      boardinghouse.

      _____.

3.   It has already been three months since Steve moved to the boardinghouse.

      _____.

4.   Since Steve did not know where to buy new furniture, he asked his
      friend Minji which furniture store is good.

      _____.

5.   Steve received a phone call while he was taking a shower.

      _____.

6.   Steve will miss the heated floor once he returns to America.

      _____.

H. Answer the following questions as you listen to them.

      1.   _____.

      2.   _____.

      3.   _____.

      4.   _____.

      5.   _____.

      6.   _____.

I. [Writing a journal] Based on the following information, write a hypothetical journal. Include as many new words and patterns as possible.

[You lived in an apartment for six months after you came to Korea. Now you have just moved into a new boardinghouse. The boardinghouse is much better because you can make more friends; it is close to school; the proprietor is very friendly; you don't have to cook; the food is good; you can learn more about Korean culture. There are also some downsides: there is no bed (i.e., you sleep on the floor); you have to take off your shoes every time you enter the room; there is not much privacy. However, you met your close friend, Minsoo. He has some good qualities.]

_____

_____

_____

_____

_____

_____

_____

_____

_____

_____

6과 대중교통　　[Public Transportation]

CONVERSATION 1	등산 갈 준비 다 됐니?

A. Choose a word from the box and write it below the corresponding picture.

무료	배터리	승차권	신호등	약도	열쇠	일기	자동차	지하도

1. _____

2. _____

3. _____

4. _____

5. _____

6. _____

7. _____

8. _____

9. _____

B. Match the nouns in the left column to the ones in the right column.

대중	•	• 시험
중간	•	• 교통
삼	•	• 요금
무료	•	• 내년
자동차	•	• 개월
올해	•	• 주차장

C. Choose an appropriate word from the box and fill in the blank with it. Conjugate if necessary. Use each word ONLY ONCE.

아쉽다	중요하다	지키다	잃어버리다	고장나다
맞다	서두르다	세우다	잡다	

1. 아침에 차가 _____서 수업에 못 왔어요.

2. 민지는 승차권을 _____서 다시 한번 승차권을 사야 했어요.

3. 요즘 서울에서는 교통이 많이 막혀서 약속 시간을 _____기가

   쉽지 않다.

4. 아직 시간이 많으니까 너무 _____지 마세요.

5. 제가 쓴 답이 _____지 잘 모르겠어요.

6. 저기 은행 앞에서 차를 _____ 주실래요?

7. 내일 등산에 같이 가는 친구들이 많지 않아서 좀 _____다.

8. 하숙집을 찾을 때는 학교까지의 거리와 교통이 _____다.

9. 택시를 _____고 싶은데 어디로 가야 돼요?

D. Fill in the blanks as you listen to the following conversation. 🎧

유진: 아주머니, 실례지만 1. _____ 떠난 버스가 23 번 아니었어요?

아주머니: 아니요. 23 번 버스는 10 분 전에 2. _____ 떠났는데요.

유진: 아, 그래요? 여기서 관악산까지 3. _____ 가는 버스가 또

            없을까요?

아주머니: 4. _____ 가는 버스는 없고 5. _____에서 갈아 타야 돼요.

            6. _____이면 택시를 타고 가세요.

유진: 시간이 많아서 그냥 버스를 타고 갈래요.

E. Fill in the grids with plain-style ending forms of the following verbs and adjectives.

줘요	준다
사용해요	
살아요	
좋아요	
먹었어요	
그리웠어요	
풀려요	
예뻐요	

들어요	
아쉽다	
불러요	
학생이에요	
추웠어요	
소개할 거예요	
떠났어요	
아니에요	

F. Change the following sentences into the plain style.

1. 내일 친구들하고 같이 영화를 보기로 했어요.

    _____.

2. 민지는 노래를 부르면서 공부하기를 좋아해요.

    _____.

3. 경주는 아름답고 아주 유명합니다.

    _____.

4. 동수는 서두르다가 물건들을 자주 잃어 버려요.

    _____.

5. 오늘 비가 와서 등산을 못 가게 돼서 많이 아쉬워요.

    _____.

6. 방은 어둡지 않고 밝은 게 아주 중요해요.

    _____.

7. 내일은 날씨가 좋으면 등산을 갈 거예요.

    _____.

8. 스티브는 아파트에 살다가 지난 주에 하숙집으로 옮겼습니다.

    _____.

G. Describe the following pictures using the plain style.

1.   [민지]   민지가 음악을 듣는다.

2.   [동수]   _____

3.   [영미]   _____

4.   [수잔]   _____

5.   [에릭]   _____

6.   [소피아]   _____

7.   [제니]   _____

H. Change the following verbs into the four different plain-style endings.

	Statement	Question	Command	Proposal
가다	간다	가냐/ 가니	가라	가자
먹다				
잡다				
쉬다				
부르다				
듣다				
놀다				

I. In spoken form, the plain style is often mixed with the intimate style. Change the following sentences using the plain-style endings.

1. 공부만 하지 말고 좀 놀아요.

   → 공부만 하지 말고 좀 놀아라

2. 여기서 저기 은행 앞으로 나가려면 어느 지하도로 내려가야 돼요?

   → _____.

3. 내일 시간 있으면 나하고 등산하지 않을래요?

   → _____.

4. 버스 요금을 알아 보고 나서 승차권을 살 거예요.

   → _____.

5.　저기 신호등 옆에서 택시를 택시를 잡으세요.

→ _____.

6.　사람들하고 한 약속은 꼭 지키세요.

→ _____.

7.　저는 중요한 일이 있으면 서두르는 편입니다.

→ _____.

J. Change the following dialogues using the plain style.

1.　A:　민지 씨, 지금 뭐 하고 있어요?

　　B:　어, 마크 씨, 저 지금 일기를 쓰고 있어요.

　　A:　_____?

　　B:　_____.

2.　A:　마크 씨, 이사 간 하숙집이 마음에 들어요?

　　B:　네. 주인 아주머니도 친절하고 음식도 맛있어요.

　　A:　_____?

　　B:　_____.

3.　A:　샌디 씨, 여기와서 이 떡 드세요. (떡 'rice cake')

　　B:　이게 웬 떡이에요?　아, 참 맛있네요.

　　A:　_____.

　　B:　_____.

4. A: 이번 주말에 뭐 할 거예요?

    B: 친구하고 쇼핑을 갈까 하는데요. 시간 있으면 저희하고 쇼핑 같이 갈래요?

    A: _____?

    B: _____?

5. A: 민지 씨, 오늘이 휴일인데 공부만 하지말고 좀 노세요.

    B: 알았어요. 그럼, 오늘 같이 등산 갈까요?

    A: _____.

    B: _____?

6. A: 동수야, 너 내일 음악회에 가?

    B: 숙제 할 것도 있고 해서 집에서 쉴까 하는데.

    A: 그러지 말고 같이 가.

    A: _____?

    B: _____.

    A: _____.

K. Listen to the short dialogues and fill in the blanks. Then change the second dialogue (b) into the intimate style. 🎧

1. (a)   유진: 수빈아, 지난 주말 _____?

          수빈: 응, 잘 보냈어.

    (b)   유진: 수빈아, _____?

수빈: 응, 잘 잘 보냈어.

2.   (a)   유진: 이번 주말에는 _____?

            수빈: 집에서 그냥 _____. 왜?

      (b)   유진: 이번 주말에는 _____?

            수빈: 집에서 그냥 _____. 왜?

3.   (a)   유진: 어, 시간이 있으면 나하고 같이 _____.

            수빈: 생각해 볼 게. 내일까지 알려 주면 되지?

      (b)   유진: 어, 시간이 있으면 나하고 _____.

            수빈: 생각해 볼 게. 내일까지 알려 주면 되지?

4.   (a)   유진: 그래. 내일까지는 꼭 _____.

            수빈: 알았다.

      (b)   유진: 그래. 내일까지는 꼭 _____.

            수빈: _____.

L. Combining the two sets of input given in the box and in each number, compose
sentences using ~기로 하다. Use each expression ONLY ONCE.

하숙집으로 옮기다   서두르다   아파트로 이사가다   싼 옷을 고르다   음식을 사 먹다

1.   기숙사가 너무 불편하다

      → 기숙사가 너무 불편해서 하숙집으로 **옮기기로 했어요.**

2.   돈이 좀 부족하다

      → _____.

3.   음식을 만드는 게 시간이 많이 들다

→ _____.

4.   하숙집 주인이 방값을 많이 올리다

→ _____.

5.   약속 시간에 늦었다

→ _____.

M. Answer the given questions using ~기로 하다.

1.   수잔 씨, 오늘 저녁에 뭐 할 거예요?

_____.

2.   오늘 점심은 뭘 먹을 거예요?

_____.

3.   이번 여름에 뭘 할 거예요?

_____.

4.   고장 난 핸드폰 어떻게 할 거예요?

_____.

5.   유럽에 가서 뭐 할 거예요?

_____.

CONVERSATION 2 | 관악산 입구까지 가 주세요.

A. Choose a word from the box and write it below the corresponding picture.

경찰 고속도로 발매기 사고 자연 차도 표지판 횡단보도

1.＿＿＿＿＿＿ 2.＿＿＿＿＿＿ 3. ＿＿＿＿＿＿ 4.＿＿＿＿＿＿

5.＿＿＿＿＿＿ 6.＿＿＿＿＿＿ 7. ＿＿＿＿＿＿ 8. ＿＿＿＿＿＿

B. Choose a word from the box and write it below the corresponding picture.

공사 교통카드 등산객 매표소 술 운

1. ＿＿＿＿＿＿ 2. ＿＿＿＿＿＿ 3. ＿＿＿＿＿＿

4. _____   5. _____   6. _____

C. Match the following words to their English counterparts.

환승 •   • place

운 •   • nature

도움 •   • luck; fortune

장소 •   • transfer

자연 •   • help

D. Fill in the blanks with the most appropriate words from the box below. Conjugate if necessary. Use each word ONLY ONCE.

| 늘다   모이다   이용하다   즐기다   (사고) 나다   위험하다   외롭다   환승하다   거의 |

1.   어제 관악산에는 휴일을 _____려는 사람들이 많았다.

2.   우리 반 친구들이 민지 집에서 _____서 파티를 열기로 했어요.

3.   어제 집에 갈때 서두르다가 사고가 _____다.

4.   스티브는 한국에 산지 1 년 밖에 안 됐는데 한국어가 많이 _____다.

5.   스티브는 아무리 친구가 많아도 _____ 때가 많아요.

6.   너무 빨리 운전하면 _____니까 천천히 가세요.

7. 길을 건널 때는 차도를 _____지 말고 횡단 보도를 _____세요.

8. 교통카드를 이용하면 무료로 _____ 수 있는 곳이 많아요.

9. 마크는 이번 학기에는 너무 바빠서 쉬는 날이 _____ 없다.

E. Listen to the questions and write the answers.

1. _____.

2. _____.

3. _____.

4. _____.

5. _____.

F. Change the following sentences into the plain style, as in 1.

1. 아무리 운전을 잘해도 운이 안 좋으면 사고가 나요.

   → 아무리 운전을 잘해도 운이 안 좋으면 사고가 난다.

2. 지하철을 타고 가다가 서울역 다음 역에서 내렸어요.

   → _____.

3. 운전을 할 때 표지판을 잘 지키는 게 중요해요.

   → _____.

4. 어디서 세워 드릴까요?

   → _____.

5.   내일 약속이 중요하니까 약속 시간을 꼭 지세요.

→ _____ .

6.   지금 늦었으니까 빨리 서두릅시다. (~으/ㅂ시다 'Let's . . .')

→ _____ .

G. Change the following direct quotations into indirect ones using ~다고 했어요.

1.   영수: "지금 라디오로 뉴스를 들어."

→ 영수가 오늘 저녁에 라디오로 뉴스를 듣는다고 했어요.

2.   마크: "난 자전거를 탈 때 차도가 위험하니까 인도를 이용해."

→ _____ .

3.   민지: "저는 주말마다 자연을 즐기는데요."

→ _____ .

4.   유진: "서울에서는 운전을 할 때 차가 막혀서 많이 불편해요."

→ _____ .

5.   샌디: "등산을 갔는데 친구들이 많이 오지 않아서 좀 아쉬웠어요."

→ _____ .

H. Change the following direct quotations into indirect ones using ~냐고 했어요 (물었어요).

1.   민지: "(샌디 씨는) 언제가 마크 생일인지 알아요?"

→ 민지는 언제가 마크 생일인지 아냐고 했어요.

2. 소피아: "관악산까지 버스를 타고 가는 게 안전할까요?"

→ _____.

3. 스티브: "기사 아저씨, 저기 시청 앞에서 세워 주시겠어요?"

→ _____.

4. 유미: "샌디 씨, 스티브가 언제 등산 갈 수 있는지 알아 봤어요?"

→ _____.

I. Change the following direct quotations into indirect ones using either ~라고 했어요 or ~자고 했어요.

1. 동수: "오늘은 내가 좀 늦을테니까 나를 기다리지 마세요."

→ _____.

2. 민지: "곧 기차가 올테니까 빨리 서둘러."

→ _____.

3. 유진: "모두들 내일 저녁에 기숙사 식당에서 모이는 게 어때?"

→ _____.

4. 어머니: "이거는 중요한 선물이니까 잃어버리지 마."

→ _____.

5. 동수: "이번 주말에 시간이 있으면 나하고 등산가지 않을래?"

→ _____.

6.   수빈: "여기서는 담배를 피우지 맙시다." (~지 맙시다 'Let's not . . .')

→ _____.

7.   소피아: "오늘은 집에서 요리하지 말고 밖에서 사 먹는게 어때?"

→ _____.

J. Listen to the following conversations and fill in the blanks. 🎧

1.   A: 수지야. 민지가 아까 전화 왔는데, 네가 오면 _____고 하던데.

      B: 알았어, 언니.

2.   A: 엄마, 오빠가 이메일을 보내 왔는데, 이번 주말에 집에 _____고
            하네.

      B: 그래? 무슨 일이 있대?

      A: 응, 다음 주에 시험이 세 과목이나 있어서 너무 바쁘다고 해.

3.   A: 아까, 민지 만났는데 오늘 머리가 너무 _____고 하던데. 그래서

            우리가 파티 준비를 하면 _____고 물었어.

      B: 그래? 그럼, 내가 민지 대신 음식 준비를 할게. (대신 'instead of')

4.   A: 철수 아버님, 저 철수 친구인데요. 다음 달에 _____고

            들었습니다. 저희 아버지가 모두들 _____냐고 물으셨어요.

      B: 그래, 우리는 다 잘 지낸다.

5.   A: 유빈아, 너 어제 김 선생님 만났어?

      B: 아니. 왜?

      A: 다음 주 시험 때문에 내일 한 번 사무실에서_____고 하셨어.

K. Change the following direct quotations into indirect ones, as in 1.

1.   스티브: "민지 좀 바꿔 주세요."

    → 스티브가 어제 민지 바꿔달라고 했어요.

2.   스티브: "민지야, 내일 나 좀 도와 줄래?"

    → _____.

3.   민지: "마크야, 이따가 커피 말고 술을 사 줘라"

    → _____.

4.   마크: "동수야, 내 차를 주차장에 좀 세워줄래?"

    → _____.

5.   수빈: "마크야, 나한테 돈 10 불만 빌려 줘."

    → _____.

6.   할아버지: "동수야, 발매기에서 교통카드 하나 사 줘."

    → _____.

L. Translate the following sentences.

1.   Sophia said that drinking before driving is dangerous.

    _____.

2.   Steve asked if I was going to buy a new bed tomorrow.

    _____.

3.   Mark suggested that we go hiking on Kwanak Mountain this Saturday.

_____.

4.   Soobin said that she was looking for (lit. checking out) a new
      boardinghouse.

_____.

5.   Sandy asked me to help her when she was moving this weekend.

_____.

6.   Minji suggested that we gather at Minji's apartment to have a party.

_____.

7.   I asked my friends to help me purchase a ticket for the subway from the
      ticket machine.

_____.

8.   Sunghee asked if her answer was correct.

_____.

M. Combine the two sentences using 아무리 ~어도/아도

1.   저는 자주 한국어 연습을 해요. 그런데 잘 늘지 않아요.

      → _____.

2.   요즘 너무 바빠지요? 그렇지만 식사는 꼭 하세요

      → _____.

3.   지금 너무 급한 것 같네요. 그렇지만 서두르지 마세요.

→ _____ .

4. 민지 씨한테 여러번 전화를 했어요. 연락이 안 돼요.

→ _____ .

5. 택시 요금이 너무 비쌌다. 그런데 마크는 택시를 타고 가지고 했다.

→ _____ .

N. Describe the following pictures using 아무리 ~어도/아도. Use complete sentences as in 1.

1.

아무리 돈이 많아도 시간을 살 수 없어요.

2.

_____ .

3.

_____ .

4.

_____.

5.

_____.

6.

_____.

O. Listen to the following dialogues and write the appropriate responses in the blanks using 아무리 ~어도/아도, as in 1.

1.   A: 여기 짜장면 참 많이 주지요?

     B: <u>네. 아무리 먹어도 끝이 없네요.</u>

2.   A: (Listen)

B: 네, _____ 등산 갈 거예요.

3.   A: (Listen)

　　 B: (Listen)

　　 A: _____ 천천히 드세요.

4.   A: (Listen)

　　 B: (Listen)

　　 A: _____ 수업에는 나와야죠.

5.   A: (Listen)

　　 B: 네. _____ 금방 다 잊어 버려요.

6.   A: (Listen)

　　 B: 그럼요. _____.

WRAP-UP ACTIVITIES

A. Listen to the following passage about Mark and fill in the blanks with what you hear. 🎧

나는 주말에 등산을 자주 1. _____. 지난 주말에는 친구와 같이

도봉산에 다녀왔다. 나는 전에 도봉산에 가 본 적이 없기 때문에 동수한테 어떻게

2. _____. 동수의 도움으로 나는 지하철을 타고 도봉역까지 가서

거기서 도봉산 3. _____ 23 번 버스를 기다렸다. 하지만

4. _____ 버스가 오지 않았다. 그래서 택시를

5. _____. 택시를 타고 가는데, 공사 때문에 길이 많이 막혔다.

그래서 20 분이나 늦게 약속 장소에 도착했다. 다행히 친구들이 약속 장소에서

기다리고 있었다. 오래간만에 복잡한 도시를 떠나서 친구들과 하루를

6. _____ 좋았다.

B. This time, read the previous passage and mark each statement (T)rue or (F)alse.

1. _____ Mark goes mountain climbing every once in a while.

2. _____ Dongsoo told Mark to take the subway to get to Dobong Mountain.

3. _____ Mark could have taken the bus if it had come on time.

4. _____ Mark started climbing the mountain twenty minutes later than his friends.

5. _____ It is good to go hiking when the city is crowded.

C. The following is a telephone conversation. Choose the words in the box that best fit in the blanks. Conjugate the forms if necessary.

서두르다	잡다	지나가다	위험하다
즐기다　잃어 버리다	지키다	중요하다	아쉽다

마크: 동수야, 나 마크인데, 너 등산 좋아하니?

동수: 그럼. 복잡한 도시를 떠나서 휴일을 1. _____ 데는 등산이 정말

　　　좋지. 그런데 왜?

마크: 어, 내일 친구들하고 도봉산에 등산 가기로 했거든. 넌 도봉산에 가 봤니?

동수: 어. 한 번 가 봤는데 생각 보다 2. _____지 않고 안전하더라.

마크: 　잘 됐다. 도봉산까지 어떻게 가는지 잘 모르겠는데, 어떻게 가?

동수: 제일 좋은 방법은 우리 동네에서 지하철을 타고 도봉역까지 가는 거야.

　　　거기서 내려서 23번 마을 버스로 갈아타고 가다가 도봉산 입구를

　　　3. _____면 바로 다음에서 내려.

마크: 그래? 생각 보다는 안 복잡하네.

동수: 그럼. 아침에 조금 일찍 나가면 4. _____지 않아도 될 거야. 버스는

　　　20분에 한 대 있으니까 약속 시간 5. _____고 싶으면 시간 잘 맞춰서 가.

마크: 알았어. 시간이 없으면 택시를 6. _____고 가지 뭐. 너도 시간이 되면

　　　같이 가자.

동수: 어. 나도 가고 싶어. 그런데 난 내일 해야 할 7. _____ 일이 좀 있어서.

마크: 네가 못 간다니 좀 8. _____. 알았다. 다음에는 꼭 같이 가자.

D. Read the passage in C one more time and answer the questions.

1.   동수는 등산에 대해서 어떤 생각을 갖고 있습니까?

_____.

2.   동수는 마크한테 어떻게 도봉산까지 가라고 했습니까?

_____.

3.   약속 시간에 서두르지 않고 가려면 어떻게 해야 합니까?

_____.

4.   동수는 왜 도봉산에 같이 등산하러 가지 못 합니까?

_____.

E. Listen to the dialogue and fill in the blanks.

동수: 스티브, 나야. 아까 1. _____데 무슨 일이야?

마크: 응, 다른 게 아니고, 이번 주말에 우리 관악산에 등산 가기로 했잖아.

그런데, 유진이는 다음 주에 시험이 있어서 2. _____

동수: 그래? 많이 아쉽지만 할 수 없지, 뭐. 너는 등산 갈 준비

3. _____?

마크: 응. 그런데 한 가지 물어 볼 게 있어. 우리 학교 앞에서 관악산까지

바로 4. _____?

동수: 직접 가는 버스는 없고 중간에서 갈아타야 돼. 먼저 지하철을 타고

관악역까지 간 다음 거기서 45 번 버스로 갈아타면 돼.

마크:　　　　알았어. 그럼 이번 주 토요일 아침에 관악산 5. _____.

F. Change the previous dialogues using the polite-ending forms. 🗨

_____

_____

_____

_____

_____

_____

_____

_____

_____

G. Listen to the following dialogue and answer the questions. 🎧

1.　스티브는 처음에 왜 서울대 입구까지 가려고 했어요?

　　_____.

2.　스티브는 왜 도착 장소를 서울대 입구에서 관악산 입구로 바꿨어요?

　　_____.

3.　스티브는 약속 시간에 늦지 않았을까요?

　　_____.

4.   마지막 대화 부분을 한 문장으로 만들어 보세요. (Compress the last line into one sentence.)

_____.

H. Read the following dialogue loudly several times.

유진: 영미, 나야, 아까 전화했었니?

영미: 응, 숙제를 하다가 모르는 게 있어서 전화했는데,

        내일 학교에서 좀 만날 수 있어?

유진: 그래, 몇 시에 만날까?

영미: 아침 10시 도서관 앞에서 어때?

유진: 응, 좋아. 마침 나도 그 때 수업이 없으니까 잘 됐네.

영미: 고마워, 그럼 내일 도서관 앞에서 만나.

유진: 응, 그래. 끊어 (hang up 'good-bye').

I. Make a telephone dialogue using the intimate-speech level with your classmate for the following situations.

1.   You missed Korean class today because of a cold, and you called your classmate James to find out about any assignment due. James says that there is no homework for tomorrow, but there will be a quiz on lesson 5 tomorrow.

2.   You have to go to the airport tomorrow morning to pick up your parents. You are going to miss Korean class. You ask your classmate to tell your Korean teacher that you will turn in homework the day after tomorrow.

J. You call to talk with 영미. She is not home. Leave a message on her answering machine for her to call you back. Give the time and your phone number.

K. You found a message on your answering machine from a friend whom you haven't seen for a while. Return the phone call. Use the intimate-speech style. 👤💬

L. Read the following passage and answer the questions.

마크의 일기:

10월 24일 토요일 (날씨: 아주 맑음)
오늘은 아주 맑은 가을 날씨였다. 시험이 끝나서 같은 반 친구들이 용인 놀이 공원으로 놀러 가자고 했다. 전에 용인에 가 본 적이 없어서 민지한테 거기에 가는 대중 교통이 있는지 물어 보았다. 민지는 나한테 지하철을 타고 용인역까지 가서 거기서부터는 놀이공원으로 가는 버스를 타라고 가르쳐 주었다.

　　나는 가까운 지하철역으로 내려가서 어떤 아주머니의 도움으로 자동 발매기에서 표를 산 다음 지하철 1호선을 타고 용인역에서 내렸다. 그런데 용인역에서 아무리 기다려도 놀이공원으로 가는 버스가 오지 않았다. 약속 시간에 늦을 것 같아서 택시를 탔는데 다행히 약속에 늦지 않고 놀이공원에 도착했다. 하지만 다른 친구들을 찾을 수 없었다. 아무리 찾아봐도 친구들이 보이지 않았다. 그래서 핸드폰으로 유진한테 전화를 걸었다. 그런데 아무리 전화를 해도 유진은 전화를 안 받았다. 갑자기 걱정이 됐다. 조금 더 기다리고 있는데 갑자기 전화가 왔다. "나, 민수야. 우리 모두 너를 기다리고 있는데 왜 아직 안 오니?" 민수가 말했다. "난 여기 벌써 와 있어." 좀 이상해서 안내하는 아저씨한테 약속 장소가 맞는지 물어 보았다. 아저씨는 거기는 놀이공원 주차장이고 놀이 공원 입구는 10미터를 더 올라가라고 하셨다. 정말 10미터를 더 가니까 친구들이 나를 기다리고 있었다. 친구들이 나를 보고 큰 소리로

웃었다. 오늘은 오래간만에 복잡한 도시를 떠나서 친구들과 재미있게 하루를 즐길 수 있었다.

(용인 놀이공원 'Youngin Amusement Park'; ~행 버스 'a bus bound for'; 걱정되다 'to be worried'; 이상하다 'be strange'; 안내하다 'to guide'; 10미터 '10 meter'; 웃다 'smile')

1.   누가 놀이 공원으로 놀러 가자고 했어요?

   _____.

2.   누가 용인 놀이 공원에 가 봤어요?

   _____.

3.   마크가 놀이 공원까지 어떻게 갔어요?

   _____.

4.   놀이 공원에 도착해서 마크는 왜 친구들을 찾지 못 했어요?

   _____.

5.   누가 마크한테 전화를 했어요?

   _____.

6.   마크는 놀이 공원에서 어떤 하루를 보냈어요?

   _____.

M. Translate the following sentences.

1. Let's go to Yongin Amusement Park together after the examination is over. (Use the plain-style ending.)

_____.

2. Buy a ticket at the automatic ticket vending machine and take subway number 2. (Use the plain-style ending.)

_____.

3. When you cross a street, do not jaywalk but use a crosswalk. (Use the plain-style ending.)

_____.

4. To keep an appointment is important. (Use the plain-style ending.)

_____.

5. Mark said that Korean people tend to hurry almost all the time.

_____.

6. No matter how long I waited for the bus, it did not come.

_____.

7. Minji suggested that I take (lit. have and go) a map with me when I go hiking.

_____.

N. Write a paragraph about your experiences with public transportation in your town.

_____

_____

_____

_____

_____

_____

_____

_____

_____

CONVERSATION 1	사과 한 상자에 얼마예요?

A. Choose a word from the box and write it below the corresponding picture.

과일	귤	배	사과	생선	두부

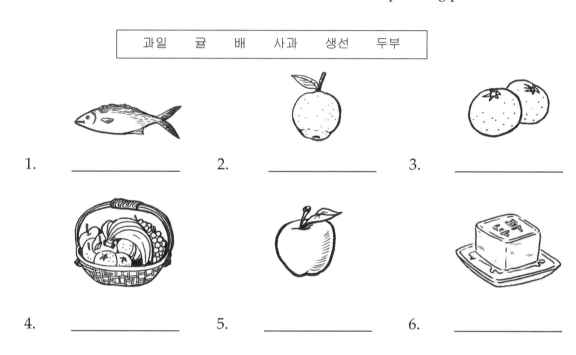

1. _____   2. _____   3. _____

4. _____   5. _____   6. _____

B. Choose a word from the box and write it below the corresponding picture.

거스름돈	도둑	소리	약	우체부	편의점

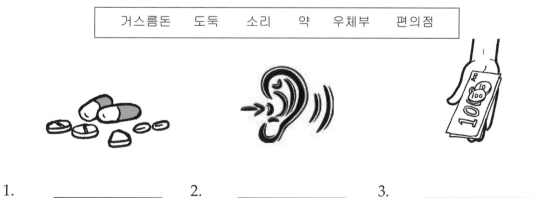

1. _____   2. _____   3. _____

4. _____   5. _____   6. _____

C. Choose an appropriate word in the [   ] and fill in the blank with it. Conjugate if necessary.

1.   닫다: _____   [닫이다; 닫히다; 닫기다]

2.   열다: _____   [열이다; 열리다; 열히다]

3.   팔다: _____   [팔이다; 팔리다; 팔히다]

4.   잡다: _____   [잡이다; 잡히다; 잡기다]

5.   물다: _____   [물이다; 물히다; 물기다]

6.   뺏다: _____   [뺏이다; 뺏히다; 뺏기다]

7.   보다: _____   [보이다; 보히다; 보리다]

D. Fill in the blanks with one of the passive forms. Use each word ONLY ONCE.

닫히다   물다   물리다   뺏기다   열리다   잡히다   팔리다

1.   어제 도둑이 경찰한테 _____.

2.   이 문은 열쇠가 없으면 _____지 않아요.

3.   개가 우체부를 _____요.

4. 우체부가 개한테 발을 _____요.

5. 이 책은 요즘 제일 잘 _____ 책이에요.

6. 문이 _____서 열리지 않아요.

7. 어제 민지는 돈도 _____고 가방도 잃어 버렸어요.

E. Fill in the blanks with an appropriate word from the box. Conjugate if necessary.

| 깎다 | 다녀오다 | 멋있다 | 물다 | 행복하다 |

1. 보통 머리를 _____러 어디에 가요?

2. 여름 방학 동안에 가족하고 같이 한국에 _____다.

3. 이 새로 나온 모자가 참 _____지요?

4. 개가 우체부를 _____요.

5. 항상 웃고 있는 민지 씨는 _____ 사람이에요. (웃다 'laugh, smile')

F. Fill in the blanks as you listen to the following conversation.

마크: 아주머니, 귤 만원 1. _____ 주세요.

아주머니: 어, 마크, 아냐? 참 오래간만에 보네. 그 동안 안 2. _____던데 3. _____ 바쁜 일 있었어?

마크: 아뇨, 바쁘기는요. 방학을 맞아 4. _____ 좀 다녀왔어요.

아주머니: 그래? 어디 갔다왔는데?

마크: 사실은 5. _____하고 같이 제주도에 갔다 왔어요.

아주머니: 그래? 좋았겠네. 제주도가 참 볼 게 많지. 아, 참. 뭐 하나 물어 볼게.

6. _____ 시간이 있으면 나 좀 도와 줄래?

마크: 그래요. 요즘은 바쁘지 않은 7. _____이라서 도와 드릴 수 있을

거예요. 그런데, 도와 드릴 일이 뭐예요?

아주머니: 어, 무거운 가구를 옮겨야 하는데, 도와 줄 사람이 필요해서.

마크: 네. 제가 도와 드릴게요. 그런데 사과 하나 8. _____ 얼마예요?

Question: What is the meaning of those sentences containing 3, 4, 5, and 6?
Translate them into English.

3.   _____.

4.   _____.

5.   _____.

6.   _____.

G. Using the given picture cue and one of the words in the box, complete the sentence
with the pattern, ~어/아 보이다, as in 1.

건강하다   따뜻하다   맛있다   멋있다   시원하다   예쁘다   춥다   행복하다

1.   민지 씨, 새 옷을 입으니까 참 예뻐 보여요.

2.   얼굴이 까매져서 참 _____.

3.   소피아 씨, 옷을 많이 안 입어서 _____.

4.   케이크 좀 보세요. 아주_____지 않아요?

5.   웃으시니까 참 _____. (웃 'laugh')

6.   스티브 씨, 머리 깎으셨어요? 참 _____.

7.   그 가방 어디서 사셨어요? 참 _____.

H. Choose one phrase or word from each list and compose a sentence as in 1.

(a)   파마를 하다 'to get a perm', 새 옷을 입다, 화장하다 'put on makeup', 새 신발을 신다, 과일을 사다, 다이어트를 하다, 머리를 자르다 'cut', 상자를 들고가다 'carry', 새 컴퓨터를 사다, 결혼하다

(b)   시원하다, 멋있다, 예쁘다, 귀엽다 'cute', 행복하다/기분이 좋다, 맛있다, 무겁다, 비싸다, 똑같다, 젊다 'young'

1.   민지 씨, 파마하셨어요? 파마하니까 참 멋있어 보여요.

2.   _____.

3.   _____.

4.   _____.

5.   _____.

6.   _____.

I. Fill in the blanks with active and passive forms of the verbs.

Verbs	Active form (polite ending)	Passive form (dictionary form)	Passive form (polite ending)
보다		보이다	
쓰다			쓰여요
놓다			
닫다	닫아요		
막다			
잡다			
열다			
듣다			
팔다			

안다			
뺏다	뺏어요		
풀다			
바꾸다		바뀌다	

J. Based on the pictures given, complete the sentence using active or passive forms.

1.

저 건물을 봐요.

저 건물이 _____.

2.

문을 닫았어요

문이_____.

3.

과일을 다 팔았어요.

과일이 다 _____.

4.

교실 문을 닫아요.

교실 문이 _____.

5.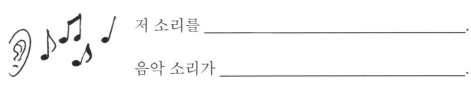

저 소리를 _____.

음악 소리가 _____.

6.    경찰이도둑을 잡았어요.

경찰이도둑을 잡았어요.

도둑이 경찰한테 _____.

7.    도둑이 돈을 뺐었어요.

도둑한테 돈을 _____.

8.    음악을 들으면서 스트레스를 풀어요.

음악을 들으면 스트레스가_____.

K. Fill in each blank with the appropriate form of a verb, active or passive. Choose the proper verb from the given list, based on the given context. Use each word ONLY ONCE.

| 닫다   보다   듣다   막다 'to block'   뺏다   열다   팔다 |

1. 유진: 요즘 유행하는 반바지 보고 싶은데요?

    점원: 지금 반바지는 다 <u>팔렸는데요</u>.

2. A: 저기서 _____ 소리가 뭐예요?

    B: 무슨 소리요? 아무 소리도 안 _____데요.

3. A: 동수 씨가 요즘 안 _____네요. 무슨 일 있을까요?

    B: 동수 씨가 여행 간 걸 모르세요.

    A: 그래요? 그래서 어제도 안 _____네요.

4.　A:　편의점 문을 벌써 열었네요.

　　B:　그래요? 방금 전까지는 ＿＿＿＿＿＿＿＿＿있었는데.

5.　A:　민지 씨가 항상 갖고 다니던 그 예쁜 지갑 어디 있어요?

　　B:　아, 그 지갑요. 언니한테 ＿＿＿＿＿＿＿＿.

　　A:　언니가 동생 가방을 뺏어요?

6.　A:　이 약 더 없어요?

　　B:　죄송합니다. 벌써 다 ＿＿＿＿＿＿＿＿서 내일까지

　　　　기다리셔야 하겠습니다.

L. Form a group of three or four students and play a quiz game by asking the following "뭐" questions. One student will be the game host and others will be players. The player who answers the most questions correctly will win the game.

1.　감기에 <u>걸리</u>면 뭐가 막혀요?

2.　코미디 프로 보면서 많이 웃으면 뭐가 <u>풀려요</u>?

3.　옷의 스타일이 달라지면 뭐가 <u>바뀐다고</u> 해요?

4.　바빠서 일을 빨리 빨리 하면 뭐에 <u>쫓긴다고</u> 해요?

5.　다른 사람한테 자기 생각과 마음이 다 <u>알려질</u> 때 뭐가 <u>보인다고</u> 해요?
 (생각 'thought'; 마음 'heart'; 알려지다 'to be known, revealed')
 (hint: one word for "inside")

6.　화가 나면 닫히고 기분이 좋으면 <u>열리</u>는 것은 뭐예요? (화 'anger')

7.　차가 <u>막히</u>면 뭐가 많이 <u>막혀</u>요?

8.　퀴즈 게임에서 답이 틀리면 뭐가 <u>깎여요</u>?

M. Fill in the blanks as you listen to the dialogue. Listen more than once if necessary. Also, answer the given questions. 🎧

스트레스가 쌓이다 /스트레스를 풀다 ('get stressed/unwind stress')

스티브: 수진 씨, 오늘 참 1. _____ 보이네요.

수진: 네. 그냥 기분이 좋아요.

스티브: 좋은 소문이 2. _____던데요. 지난 주 테니스 시합에서

이겼지요?

수진: 아니에요. 한 번 이기고 한 번은 졌어요.

스티브: 그래도, 잘 하셨네요. 앞으로는 더 잘 할 수 있을 거예요.

수진: 잘 해야 하는데, 3. _____ 대로 잘 안 돼요. 그거 때문에

스트레스가 많이 4. _____요.

스티브: 그래요? 그럼, 스트레스를 풀어야죠. 스트레스가 생길 때는

찜질방에 한 번 가 보세요. (풀다 'unwind')

수진: 찜질방이 뭐하는 곳인데요?

스티브: 목욕도 하고 따뜻한 온돌방에서 몸을 풀기도 하는 곳이에요. 한 번

가보면 스트레스가 5. _____요.

수진: 온돌방이 스트레스를 푸는데도 6. _____요.

Questions:

1.   Why does Soojin get stressed?

     _____.

2. What makes the recommended method effective?

_____.

N. Among the given verbs, circle the ones that can be combined with ~어/아 있다.

가다   오다   사다   주다   앉다   서다   눕다

보다   살다   죽다   열다   열리다   닫다   닫히다

켜다   남다   들다   놓다   놓이다   막다 'to block'   막히다

O. Using one of the words in N, describe the pictures using ~어/아 있다, as in 1.

1. 방학 때 학생들이 기숙사에 남아 있어요.

2. _____

3. _____

4. _____

5. _____

6. _____

P. Complete the sentences with appropriate expressions using ~어/아 있다.

1.   A: 마크는 지금 어디에 있어요?

      B: _____. (to be in Korea)

2.   A: 저기 소파에 _____는 사람은 누구예요?

      B: 아, 그 분은 제 누나세요.

3.   A: 이 시간에 편의점이 _____을/ㄹ까요? (to be open)

      B: 그럼요, 한국에서는 편의점이 늦게까지 해요.

4.   A: 박 선생님은 오셨어요?

      B: 그럼요. 벌써 _____요. (to have arrived here)

5.   A: 문이 _____ 집에 사람이 없는 줄 알았어요.

      B: 날씨가 추워서 문을 닫았어요.

6.   A: 여기 종이 위에 뭐라고 _____요?

      B: 저도 잘 못 모르겠어요. 누가 그걸 썼는데요?

7.   A: 책상 위에 _____던 장난감 봤어요?

      B: 못 봤는데요.

Q. Answer the following questions.

1. 허리가 아플 때는 앉아 있는 게 좋아요, 서 있는게 좋아요? (허리 'back')

    _____.

2. 매일 도서관에 늦게까지 남아 있는 학생들은 어떤 학생들이에요?

    _____.

3. 이 세상에서 살아 있는 언어가 몇 개나 되는지 아세요? (세상 'world'; 언어 'language')

    _____.

4. 나무에 잎이 없어도 나무가 살아 있는 걸까요?

    _____.

5. 연필 한 다스에는 연필이 몇 개가 들어 있어요?

    _____.

6. 주말에 집에 가 있으면서 할 수 있는 게 뭐예요?

    _____.

7. 한국 집에서 보통 거실 입구 바닥에 뭐가 놓여 있어요? (놓다 'to place')

    _____.

CONVERSATION 2 | 여기 뭐 사러 왔어?

A. Choose a word from the box and write it below the corresponding picture.

| 감자 계란 고기 당근 빵 시금치 야채 양파 우유 잡채 파 호박 |

1. _____

2. _____

3. _____

4. _____

5. _____

6. _____

7. _____

8. _____

9. _____

10. _____

11. _____

12. _____

B. Choose a word from the box and write it below the corresponding picture.

마트 비누 시장 치약 칫솔 화장품 휴지

1. _____   2. _____   3. _____

4. _____   5. _____   6. _____

7. _____

C. Fill in the blanks with an appropriate word from the box. Conjugate if necessary.

끓이다 넣다 다양하다 들르다 싸우다 울다 웃다 원하다 집어 넣다

1.   화장품을 사고 싶은데 이 가게에는 내가 _____ 게 없어.

2.   나는 테레비를 볼 때 좋아하는 프로그램이 달라서 동생과 자주 _____다.

3.   자주 _____세요. 그러면 행복해 질 겁니다.

4.   어제 된장 찌게_____데 냉장고에 있는 시금치, 양파, 당근, 호박,

감자 등 야채들을 다 _____다.

5.   집에 오다가 마트에 _____서 잡채 만들 재료들을 샀다.

7.   라면을 맛있게 끓이고 싶으면 다 끓이고 나서 계란하고 파를 _____세요.

8.   우리집 아이는 원하는 걸 갖지 못하면 자꾸 _____.

9.   우리 동네 마트에는 몸에 좋은, _____ 야채를 많이 팔아서 좋다.

D. Follow the instructions below.

1.   You go to the grocery store once a week. Today is the day for grocery shopping. Make a list of items that you want to buy.

_____

_____

_____

_____

2.   You are at a Korean supermarket; list ten possible products that you can buy.

_____

_____

_____

_____

_____

E. Listen to the questions and write the answers. 🎧

1. _____

2. _____

3. _____

4. _____

5. _____

F. Practice the following dialogue with your partner and then, using it as a model dialogue, create a new one, replacing the underlined parts with your own input. Once you are done with the new dialogue, do a role-play with your partner based on it. 🗣

민지:	수빈아, 여기 웬 일이니? 뭐 사러 왔니?
수빈:	응, 휴지하고 비누도 사고 또 우유랑, 과일 좀 사러 왔어.
	너도 장 보러 왔니?
민지:	응, 난 집에서 밥을 해 먹으니까 살 게 많아.
수빈:	오늘 저녁 메뉴가 뭔데?
민지:	된장찌개 끓이려고 감자, 호박, 양파, 파를 샀어.
	참, 시금치하고 계란도 사야 되는데.

New dialogue:

You: _____

Partner: _____

             _____

You: _____

Partner: _____

You: _____

             _____

             _____

G. Replace ~어/아서 with ~어/아 가지고.

1.   어제 시험이 두 개나 있어서 혼났어요.

      → _____.

2.   어제 남대문 시장에서 옷을 샀는데, 값을 깎아 주지 않아서 기분이 별로였어.

      → _____.

3.   어제는 동생하고 너무 많이 싸워서 울고 싶었어요.

      → _____.

4.   오늘 중요한 약속이 있어서 서둘러서 약속 장소로 갔어요.

      → _____.

5. 냉장고에 남아 있는 음식이 별로 없어서 편의점과 마트에 들렀어요.

→ _____ .

6. 책을 읽을 때는 누워서 읽는 거 보다 앉아서 읽는 게 더 좋아.

→ _____ .

7. 어제 마트에 들러서 김치찌개를 끓일 때 쓸 야채와 고기를 샀어요.

→ _____ .

H. Based on the pictures, compose sentences using ~어/아 가지고, as in 1. Be creative.

1.

어제 이사를 하는데 차가 고장이 나가지고 힘들었어요.

2.

_____ .

3.

_____ .

4.

z Z Z

_____ .

5.

_____ .

I. Come up with possible excuses for the given questions. Be creative.

1.   A: 왜 일찍 못 나왔어요?

     B: <u>차 사고가 나가지고 늦게 도착했어요.</u>

2.   A: 왜 시장을 안 보고 왔어요?

     B: _____.

3.   A: 왜 내가 원하는 칫솔을 안 샀어요?

     B: _____.

4.   A: 왜 된장찌개가 이렇게 맛이 없어요?

     B: _____.

5.   A: 왜 약속 장소에 늦게 도착했어요?

     B: _____.

6.   A: 왜 다리가 아파요?

     B: _____.

J. Listen to the short dialogues and answer the questions.

1.   민지는 요즘 왜 책을 잘 못 읽어요?

     _____.

2.   민지는 장 보러 얼마나 자주 가요?

     _____.

3. 남자는 왜 시장에만 가려고 해요?

_____.

4. 귤은 왜 싸게 팔리고 있어요?

_____.

5. 잡채를 만드는데 민지는 왜 파를 안 넣어도 된다고 생각해요?

_____

_____.

K. Use correct expressions with ~는 데(에) to complete the sentences.

1. 냉면을 _____ (cook) 뭐를 넣어야 하지요?

2. 한국 _____ (go) 비행기로 몇 시간 걸려요?

3. 렌트카를 _____ (rent; borrow) 필요한 게 뭐예요?

4. 여자 친구를 _____ (meet) 어떤 옷을 입는 게 좋을까요?

5. 하숙집을 _____ (find) 뭐를 제일 중요하게 생각해요?

6. 대학에 _____ (enter) 제일 중요한 게 뭐예요?

L. Working with your partner, ask him/her the questions in K.

M. Compose sentences based on the picture cues using ~는 데(에) as in 1.

1.   바이올린 배우는 데에 돈이 많이 들어요.

2.   _____.

3.   _____.

4.   _____.

N. Listen to the following passage and fill in the blanks.

(습관 'habit'; 치료하다 'to cure'; 건강 'health')

수진의 습관은 참 재미있다. 물건을 1. _____데는 백화점보다 시장이 더 좋다고

한다. 가끔 물건 값을 깎을 수 있기 때문이다. 그리고 친구들을 좋아하지만 쇼핑

2. _____데는 혼자 하는 게 좋다고 생각한다. 다른 사람하고 같이 가면 자기가

원하는 것을 고르기가 어렵다고 한다. 그렇지만 3. _____는 친구가 필요하다고

생각한다. 왜냐하면 혼자서 밥 먹는 건 싫기 때문이다. 그리고 4. _____도 특별한

습관을 가지고 있다. 항상 편한 옷을 입고 다니다가 5. _____는 꼭 정장을 입고

간다. 파티에서는 옷을 잘 입는 게 중요하다고 생각한다. 또 6. _____데는

여름이 좋다고 생각한다. 왜냐하면 여름에 여행을 하면 짧은 옷을 입을 수 있고 옷을 많이

안 가지고 가도 되기 때문이다. 수진은 감기에 잘 안 걸리는 편인데, 감기에 걸리게 돼도

병원에 안 간다. 7. _____에는 잘 먹고 잘 자는 게 제일 중요하다고 생각한다.

그리고 8. _____는 너무 많이 먹지 않고 많이 웃는 게 제일 좋다고 생각하기

때문에 저녁은 보통 안 먹고 코메디 프로를 자주 본다.

O. Listen to the questions and answer them.

1. _____

2. _____

3. _____

4. _____

5. _____

WRAP-UP ACTIVITIES

A. Listen to the following passage and fill in the blanks with what you hear. 🎧

유진: 민지씨, 어제 저녁 7 시에 기숙사 식당에서 안 1. _____ 던데, 혹시

2. _____ 바쁜 일 있었어요?

민지: 아니요. 어제 저녁에 제 방에서 3. _____ 하고 통화하고 있었어요.

근데, 왜요?

유진: 아, 4. _____ 하나 물어 볼게 있었어요.

민지: 뭔데요?

유진: 5. _____ 한번 저하고 식사하지 않을래요? 제가 한국음식을 살게요.

민지: 글쎄요. 저는 한국 음식은 잘 못 먹는 편이거든요. 한국은 음식은 대부분

너무 6. _____ 먹기가 힘들어요.

유진: 그래요?

민지: 네. 지난 번에 친구하고 한국 음식 먹고 나서 속이 안 좋아서 7. _____

있어야 됐어요.

유진: 아, 그랬어요. 음, 그럼 일본 음식 어때요?

민지: 일본 음식은 괜찮아요.

Mark the following statements (T)rue or (F)alse based on what you heard.

1.   _____ Minji was lying down in her room when Yujin was in the cafeteria
yesterday evening.

2. _____ Yujin wanted to have dinner together with Minji yesterday.

3. _____ Yujin wanted to suggest that Minji have a meal with him sometime.

4. _____ Minji saw a doctor after she ate in a Korean restaurant last time.

B. Choose the word that best fits in the blanks of the dialogue. Conjugate the forms if necessary. After that, answer the questions below. Use each word ONLY ONCE.

닫다	막다	바꾸다	뺏다	보다	열다	쫓다	팔다

민지: 마크야 추운데 왜 밖에 서 있어?

마크: 응, 뭐 하나 사려고 왔는데, 옷가게 문이 _____어.

민지: 몰랐니? 토요일 아침에는 보통 가게들이 문을 열지 않아. 뭐 살 건데?

마크: 요즘 모자 유행이_____어 가지고 새 모자 하나 사려고. 어디

다른 가게 없을까?

민지: 저기 하얀 건물_____지? 저 건물 옆에 있는 가게는_____

있을 지 몰라.

마크: 아이, 모자 하나 사는 데 왜 이렇게 힘든지 모르겠네. 혹시, 저 가게에

내가 찾는 모자가 다_____으면 어떡하지?

민지: 그렇지 않을 거야. 요즘은 모자들이 잘 안 팔려. 그런데 저기까지 가는

데 차로 가지 말고 걸어서 가. 지금 그 쪽으로 가는 길이 많이

_____거든.

마크: 이 곳에서는 교통이 복잡해서 쇼핑하는 데 시간을 너무 많이

_____는 것 같아.

민지: 민지야, 너무 시간에 _____지 말고 천천히 쇼핑 잘 해라. 내일

학교에서 봐.

Questions:

1.   Translate the above dialogue between 민지 and 마크.

_____

_____

_____

_____

_____

_____

_____

_____

_____

2.   What store did Minji recommend that Mark go to?

_____

3.   Why does Minji feel that shopping in that shopping mall is inconvenient?

_____

C. Listen to the dialogue and answer the questions.

1.   _____ Mark has no special plan this weekend.

2.   _____ Soomin and Mark visited Namdaemun Market before.

3.   _____ Soojin prefers buying clothes and shoes in Namdaemun Market.

4.   _____ There are more shoe brands in shoe stores in Namdaemun Market.

5.   _____ Soomin and Mark decided to meet this Saturday before one
       o'clock.

D. Create a short dialogue based on the pictures.

1.   30,000 원   A: 아주머니 이 반바지 얼마예요?

                    B: 3 만원에 가지고 가세요.

                    A: 생각보다 좀 비싼데요. 5 천원만 깎아주세요.

                    B: 5 천원은 안 돼요. 2 천원 깎아 드릴게요. 2 만 8 천원만
                          내세요.

2.   60,000 원   A: _____

                    B: _____

                    A: _____

                    B: _____

                          _____

3.   95,000 원   A: _____

                          B: _____

                          A: _____

                          B: _____

          _____

E. Read the following passage and answer the questions.

마크의 일기

   지난 주말에 유진하고 남대문 시장에 처음으로 가 봤다. 남대문 시장은 보통
버스나 지하철을 타고 가면 되는데 길을 잘 모르면 지하철을 타는 게 편리하다. 지하철
4 호선으로 환승해서 회현역에서 내리면 된다. 차는 안 가지고 가는 게 좋다. 왜냐하면
차를 세울 곳이 없어 가지고 시장 가까운데 차를 세우면 입구가 막히기 때문이다.
남대문시장은 한국의 남대문 옆에 있기 때문에 남대문 시장이라고 불린다. 남산이
가까운데 있고 시청과 명동에서도 멀지 않다. 시장에서는 여러 종류의 가게들이 한
곳에 모여 있어서 물건을 사는 데 아주 편리한 것 같았다. 옷가게, 신발 가게와 안경
가게, 빵가게 등도 있었다. 싼 음식을 파는 식당들도 많이 있었다. 시장으로 들어가는
입구가 여러 개 있었고 여러 좁은 길에 작은 가게들이 있었다. 같은 물건을 파는
가게들이 한곳에 모여 있어서 옷을 사려면 옷가게가 있는 곳으로 가고 신발이
필요하면 신발가게들이 있는 곳으로 가면 됐다. 시장 안은 가게뿐만 아니라 길
가운데서도 물건을 파는 사람들이 있어서 복잡했다. 장보는 사람들도 많아서
걸어다니기가 쉽지 않았다. 시장에는 가게들이 많아서 모든 가게들을 다 보는 데
하루는 걸릴 것 같았다.
   남대문 시장은 백화점과 많이 달랐다. 물건이 싸고 좋았다. 백화점이나 보통

가게에서 볼 수 없는 물건들도 많았다. 또, 물건 파는 사람들이 자기 물건들을 팔려고 큰 소리로 "골라 골라"라고 소리쳤다. 남대문 시장에서는 물건을 좀 더 주기도 하고 싸게 해 주기도 하는 게 인상적이었다. 나는 유진이가 물건을 깎는 걸 보고 참 놀랐다. 나도 물건을 깍으려고 해 보았지만 잘 안 됐다. 나는 시장을 구경하면서 이런 곳을 볼 수 있어서 기분이 좋았다. 너무 재미있어 가지고 다음 주에 또 가고 싶었다.

(불리다 'to be called'; <부르다 'to call'; 놀라다 'to be surprised')

1.   남대문 시장에 갈 때 어떻게 가는 게 좋아요?

   _____.

2.   남대문 시장에서 볼 수 있는 가게들은 무엇입니까?

   _____.

3.   남대문 시장에서 옷을 사려면 어디로 가야 합니까?

   _____.

4.   남대문 시장이 백화점과 다른 가장 큰 차이점(differences)은 무엇입니까?

   _____.

5.   윗 글에서 7과에서 배운 grammar pattern을 다 찾아 보세요. (Circle all the grammar patterns you learned in this lesson.)

F. Translate the following sentences.

1.   Because vegetables are so diverse, it is hard to choose.

   _____.

2.   Do you want to have a meal with me sometime somewhere?

_____.

3.   When the traffic is congested, I usually feel stressed a lot.

_____.

4.   The left ear cannot hear (lit. be listened) very well, and the right eye cannot see (lit. be seen) very well, either.

_____.

5.   Do you know what this paper is used for?

_____.

6.   When you have back pain, try not to sit (to stay); do stand (to stay). (허리 'back')

_____.

7.   Since the pharmacy was closed, I could not buy medicine for my cold last night. (use ~어/아 가지고)

_____.

8.   For healing a cold, sleeping well is the best thing. (치료하다 'to heal')

_____.

G. Write a paragraph or two about your shopping experience at a market, a department store, etc. Specify your shopping preferences.

_____

_____

Review I

A. Choose a Korean word from the list and write it below the corresponding category in the table.

Outfit	Place	Travel	Color	Money	Weather

가격	노란색	여행사	정가
검정색	도	왕복	정장
경주	무료	운동장	제주도
공기	박물관	원피스	초록색
구두	반값	유럽	치마
구름	반바지	음식값	파란색
국내선	비자	일기예보	편도
국제선	빨간색	장마	표
굽	샌들	장학금	하늘색
기온	섭씨	전화비	현금
난방	야구장	절	호텔
남색	여권	점퍼	흰색

B. Choose the word from the box below that best matches the descriptions provided.

1.	<u>신용카드</u>	현금이 없을 때 물건을 사는 것	단풍
2.	_____	바다 가운데 있는 곳	데이트
3.	_____	여자/남자 친구하고 같이 하는 것	섬
4.	_____	두 팀이 운동을 하는 것	시합
5.	_____	사진을 찍을 때 필요한 것	신용카드
6.	_____	다른 나라 사람들이 하는 말	야외
7.	_____	가을이 되면 나무 색이 달라지는 것	에어콘
8.	_____	날씨가 더울 때 공기를 시원하게 하는 것	외국어
9.	_____	가수들이 노래를 부르는 곳	카메라
10.	_____	건물 안 말고 밖	콘서트

C. Fill the boxes with the appropriate words to express direction.

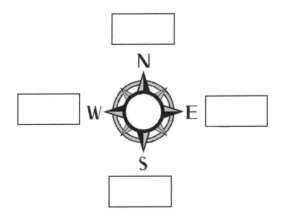

D. Circle the correct adverb in [   ].

1.   저는 일이 남았으니까 [먼저 / 마침] 내려가세요.

2.   내일 야구장 갈 때는 두꺼운 옷을 [꼭 / 곧] 가져 가세요.

3.   밤에 운전을 할 때는 [유난히 / 천천히] 해야 돼요.

4.   동생이 키가 많이 커서 바지가 [아직도 / 하나도] 안 맞아요.

5.   룸메이트가 여행을 가서 요즘은 [함께 / 혼자] 저녁을 먹어요.

6.   9시 비행기인데 [계속 / 벌써] 공항으로 떠났어요?

7.   책상 위에 있던 라디오가 [갑자기 / 대체로] 없어졌어요.

8.   학교에 갈 때는 [아까 / 주로] 밝은 색 옷을 입어요.

E. Fill in the blanks with the most appropriate words from the box below. Use each word ONLY ONCE. Change the form if necessary using the clausal connective ~(으)ㄴ/는/(으)ㄹ, as in 1.

> 걱정하다 맑다 알아듣다 얇다 유명하다 추워지다

1.   기온이 많이 낮아졌어요. 내일부터는 날씨가 <u>추워질</u> 것 같아요.

2.   한국에서는 설악산이 제일 _____ 것 같아요.

3.   티미는 아까 내가 한 말을 못_____ 것 같아요.

4.   요즘 집에 늦게 들어가서 부모님이 _____ 것 같아요.

5.   그동안 장마가 계속됐는데 주말부터 날씨가_____ 것 같네요.

6. 이 점퍼는 너무 ＿＿＿＿＿＿＿ 것 같은데 더 두꺼운 옷은 없어요?

F. Match each phrase in the left column with the most appropriate predicate in the right column.

이 블라우스가 마음에 • • 들어요.

청바지에는 와이셔츠보다 티셔츠가 더 잘 • • 불 거예요.

아침 비행기를 타야 되니까 집에서 일찍 • • 어울려요.

요즘은 단정한 스타일 자켓이 • • 외우고 있어요.

오늘 밤부터는 비도 오고 바람도 • • 유행이에요.

내일 한국어 시험이 있어서 단어를 • • 전해 주세요.

봄이 돼서 공원에 꽃이 많이 • • 출발하세요.

식당 안에서는 담배를 • • 풀어요.

김 선생님께 안부 좀 • • 피었어요.

마크는 농구나 야구를 하면서 스트레스를 • • 피우지 마세요.

G. Complete the sentences below with appropriate clauses, as in 1. Change the form of the verbs in the parentheses using ~(으)니까, which is used to provide justification or an explanation for a command or request.

1. 주말에는 학교 식당을 (닫다) 닫으니까 맥도널드에서 만나요.

2. 현금이 (모자라다)＿＿＿＿＿＿＿＿＿＿＿＿＿＿＿＿＿＿＿＿.

3.   여행 가방이 (무겁다)_____.

4.   음식 만드는데 손이 너무 (더럽다)_____.

Now change the form of the verbs in the parentheses using ~(으)니까, which is also used to express temporal sequences.

5.   구름이 (끼다) <u>끼니까 밝던 하늘이 어두워져요</u>.

6.   계절이 (바뀌다)_____.

7.   나이가 (들다)_____.

8.   여행을 (다녀오다)_____.

H. You are looking for a roommate, a new car, a boyfriend/girlfriend, and a new apartment. Provide your wish lists using ~어/아도 되다, ~(으)면 안 되다, ~어/아야 되다, ~(으)면 되다, as in 1.

1.   A roommate

~어/아도 되다	<u>한 학기만 있어도 돼요.</u>
~(으)면 안 되다	<u>담배를 피우면 안 돼요.</u>
~어/아야 되다	<u>깨끗해야 돼요.</u>
~(으)면 되다	<u>그냥 좋은 사람이면 돼요.</u>

2.   A new car

~어/아도 되다 _____

~(으)면 안 되다 _____

~어/아야 되다 _____

~(으)면 되다 _____

3.   A boyfriend/girlfriend

~어/아도 되다 _____

~(으)면 안 되다 _____

~어/아야 되다 _____

~(으)면 되다 _____

4.   A new apartment

~어/아도 되다 _____

~(으)면 안 되다 _____

~어/아야 되다 _____

~(으)면 되다 _____

I. Fill in the blanks with the most appropriate expressions from the box below. Use each expression ONLY ONCE.

~게 되다 ~어/아 본 적이 있다   ~어/아지다   ~(으)면 좋겠다

1. 어렸을 때 한 달 동안 계속 여행을 (다니다)_____.

2. 요즘은 물가가 올라서 싸고 좋은 옷을 (고르다) _____.

3. 공부를 잘 해서 다음 학기부터 장학금을 (받다) _____.

4. 맑던 하늘이 오후부터 갑자기 (흐리다)_____.

J. Construct full sentences using the given components.

1. [경치/오랫동안/아름답다/기억하다]

   _____.

2. [현재/외국/인기/유명하다]

   _____.

3. [낮/사실/문제/혼나다]

   _____.

4. [여행/짐/예약/고생하다]

   _____.

5. [함께/운동장/가볍다/뛰다]

   _____.

K. Follow the instructions below based on the situations provided.

1. Create a question and answer between two classmates on your plans after graduation. Use ~기가 쉽다/어렵다 and ~(으)려고 하다.

   A: _____

   B: _____

2. Create a short dialogue between two classmates. A is leaving for Seoul for study abroad and B is commenting on A's utterance. Use ~게 되다 and ~겠네요.

   A: _____

   B: _____

3. Create a short dialogue between two classmates. Use ~어/아지다 and ~잖아요.

   A: _____

   B: _____

L. Crossword Puzzle 1

Across

1. regular price
3. travel agency
4. particularly
5. half price
6. school yard, field
8. to get cloudy (dictionary form)
9. international flight
12. to be neat
14. for a long time

Down

1. suit, formal dress
2. food cost
3. passport
4. baseball stadium
5. shorts
7. problem
9. domestic flight
10. worry, concern
11. sea
12. fall foliage
13. sky
15. regards

M. Crossword Puzzle 2

Across

2. baseball
4. phone bill
6. (one-piece) dress
7. rainy season
8. to be boring (dictionary form)
9. air
12. wind
13. to be dark
15. price
16. particularly

Down

1. to become cooler
3. cloud
5. visa
7. scholarship
10. temperature
11. to disappear (dictionary form)
13. sea
14. slowly
15. center, the middle

N. Crossword Puzzle 3

Across
1. basketball
4. fashion, trend
5. to be short of …
7. popularity
10. mostly, mainly
11. generally, mostly
12. weather forecast
14. the outside
17. to match, suit
18. air conditioner

Down
2. dress shoes
3. alone
4. to be famous _____ 하다
6. radio
7. memorable
8. program
9. Jeju Island
13. reservation
15. foreign language
16. vocabulary

A. Choose a Korean word from the list and write it below the corresponding category in the table.

음식	집/가구	장소	과일/야채	사람	돈

거스름돈	만화방	옷장	책장
거실	병원	요금	침대
경찰	빵	우유	침실
계란	사과	우체부	파
고기	사무실	유학생	편의점
귤	생선	잡채	피시방
냉장고	시금치	주인	하숙비
당근	식탁	주차장	학비
도둑	아르바이트	지갑	호박
두부	양파	직원	
등산객	영수증	찜질방	

B. Fill in the blanks with the verbs from the box.

1.   은행에서 돈을 _____

2.   자동차 사고가 _____

3.   공부하다가 잠이 _____

4.   일을 해서 돈을 _____

5.   자동차가 _____

6.   남자 친구하고 _____

고장나다
나다
들다
벌다
찾다
헤어지다

C. Fill in the blanks with the verbs and adjectives from the box.

1.   _____   자고 싶다

2.   _____   혼자 있어서 즐겁지 않다

3.   _____   친구하고 가깝다

4.   _____   기쁘고 즐겁다

5.   _____   이사하다

6.   _____   글을 쓰다

7.   _____   사용하다

8.   _____   보고 싶다

9.   _____   생각 안 나다

10. _____   알고 있다

그립다
옮기다
외롭다
이용하다
익숙하다
잊다
적다
졸리다
친하다
행복하다

복습 II 4~7과 203

D. Fill in the blanks with the verb or the adjective that is the antonym for each word.

1. 닫히다 ≠ _____

2. 똑같다 ≠ _____

3. 멋있다 ≠ _____

4. 사귀다 ≠ _____

5. 웃다 ≠ _____

6. 위험하다 ≠ _____

7. 입다 ≠ _____

8. 찾다 ≠ _____

9. 편안하다 ≠ _____

다르다
멋없다
벗다
불편하다
안전하다
열리다
울다
잃어버리다
헤어지다

E. Fill in the blanks with the appropriate words from the box below. Use each word ONLY ONCE.

거의 대충 바로 반드시 방금 우연히 혹시

1. 학교 주차장에서 _____ 초등학교 친구를 만났어요.

2. _____ 발매기에서 사과도 팔아요?

3. 어제는 _____ 10시간이나 잤어요.

4. 이번 학기에는 성적이 좋으니까 _____ 장학금을 받을 수

    있어요.

5.   학교에서 시청까지 _____ 가는 버스가 있어요?

6.   시험 공부는 _____ 했어요. 오늘 밤에 좀 더 해야 돼요.

7.   어디 있었어요? _____ 친구한테서 전화왔었어요.

F. Fill in the blanks with the appropriate words from the box. Use each word ONLY ONCE, and change the form using the suffix in the [   ].

깨지다   끓이다   눕다   서다   서두르다   싸우다   친절하다   편안하다

1.   라면이 먹고 싶으면 물을 _____ [~어/아야지요].

2.   교실에 의자가 부족해서 _____ [~어/아 있다].

3.   학교 서점 직원들이 항상 잘 도와줘요. 아주 _____
     [~(으)ㄴ/는 편이다].

4.   룸메이트하고 _____ [~어/아 가지고] 서로 말도
     안해요.

5.   약속에 늦어서 _____ [~다가] 넘어졌어요.

6.   침대에 _____ [~(으)ㄴ/는 지] 한 시간이나
     됐는데 잠이 안 들어요.

7.   새로 산 소파가 아주 _____ [~어/아 보이다].

8.   마트에서 컵을 사야 돼요. 하나밖에 없는데 _____
     [~거든요].

G. Fill in the blanks with the appropriate words from the box. Use each word ONLY ONCE.

봉투	사투리	수저	승차권	신호등	열쇠	약도	하루 종일

1.   차 _____을/를 차 안에 놓고 내려서 자동차 문을 못 열겠어요.

2.   미국 학생이 한국 지방 _____을/를 하는 게 참 신기해요.

3.   _____ 통화를 해서 핸드폰 배터리가 다 됐어요 (worn out).

4.   숟가락하고 젓가락을 한 단어로 _____(이)라고 해요.

5.   칫솔, 치약, 비누, 휴지는 마트 _____ 안에 넣어서 가져가세요.

6.   버스 _____이/가 없어서 가다가 중간에 내렸어요.

7.   새로 구한 하숙집 약도가 정확하지 않아서 _____이/가 필요해요.

8.   횡단보도 옆에 _____이/가 없어서 길 건너기가 힘들어요.

H. Circle the correct words/phrases in [   ].

1.   경찰이 신분증 좀 보여 줄 수 [있냐고 / 있다고] 물어봤어요.

2.   마크한테 내일 우리 집에 잠깐 [들른다고 / 들르라고] 하세요.

3.   스파게티에 아무리 소스를 많이 [넣어도 / 넣으려면] 맛이 없네요.

4.   친구가 안 와서 커피숍에 한 시간 동안 [앉아 / 앉고] 있었어요.

5.   머리를 [깎는 / 깎은] 지 6개월이나 됐어요.

6.   왜 이렇게 한국어가 [늘었는지 / 늘은지] 모르겠어요.

I. Choose the appropriate suffixes from the box below and fill in the blanks with the predicates in parentheses. Use each suffix ONLY ONCE.

~어/아 보이다	~어/아 있다	~어/아야지요
~(으)ㄴ/는 지 [ ] 되다	~(으)ㄴ/는 편이다	~(으)ㄴ/는지 알다/모르다

1.   서울에서는 거의 모든 물건을 배달 받기 (쉽다) _____.

2.   소포가 왔는데 안에 뭐가 (들어있다) _____.

3.   학교에서 등기로 편지가 왔는데 (중요하다) _____.

4.   A: 올해 크리스마스 때 부모님 댁에 갈 거예요?

        B: 작년에는 못 갔으니까 이번에는 (다녀 오다) _____.

5.   운전 면허 (받다) _____ 5년이나 됐는데 차가 없어요.

6.   하숙집 아주머니는 몸이 아프셔서 약 드시고 (눕다) _____.

J. Fill in the blanks with the appropriate word from the box and then change the underlined verb suffixes using the intimate style ~어/아 and plain style ~는/ㄴ다.

계좌	시장	적응	정리	지하도	청소기

1.   학교 앞 _____이/가 고속도로하고 연결 돼 <u>있습니까?</u>

                        [/   ]

2.   하숙방 바닥이 너무 더러운데 _____ 좀 <u>빌려 주세요.</u>

                        [/   ]

3.   제니는 서울 생활에 아직 _____을/를 못 <u>한 것 같습니다</u>.

[/   ]

4.   은행 _____을/를 열려고 하는데 필요한 게 <u>뭐예요</u>?

[/   ]

5.   이사온 지 이틀이나 됐는데 아직 짐_____을/를 <u>못 했습니다</u>.

[/   ]

6.   _____ 가는 길에 전통 공예품 가게에도 <u>들러 볼래요</u>?

[/   ]

K. Crossword Puzzle 1.

Across

2. bed
3. wallet
4. postbox
6. toothpaste
8. hospital
9. to be comfortable _____ 하다
11. town shuttle bus _____ 버스
12. furniture store
13. part-time job
16. thief
17. a moment ago

Down

1. regular
2. bedroom
3. region, district
4. mail
5. staff, employee
6. place, location
7. map
9. convenience store
10. chopsticks
11. mart
13. yet, still
14. floor
15. fee, fare

L. Crossword Puzzle 2

Across

1. fruit
3. tofu
5. to fight (dictionary form)
7. always
9. approximate
10. nature
11. sound, noise
13. vacuum cleaner
16. construction
18. receipt
20. registered mail
21. to be sleepy (dictionary form)

Down

2. journal
4. to be insufficient _____하다
6. milk
8. box
9. arrangement
12. place, location
14. identification card
15. traffic light
17. dialect
19. spoons and chopsticks

M. Crossword Puzzle 3

Across

1. driver's license
5. ticket office
6. the middle
8. student abroad
10. refrigerator
12. the public
13. paper
17. transportation card
19. parcel
20. chopsticks

Down

2. traditional
3. vending machine
4. address
6. to be important _____ 하다
7. to break down _____ 나다
9. tuition
11. meat
12. roughly
14. two days
15. surely, certainly
16. spoon
18. phone call
19. introduction